'नुक़्ता–ए–मौहूम' से (1983–1999)

'शह्र–ए–गुमनाम' से (1965–1983)

अनुक्रम

वाणी प्रकाशन

4695, 21-ए, दरियागंज, नयी दिल्ली 110 002

शाखा

अशोक राजपथ, पटना 800 004

फ़ोनः +91 11 23273167 फ़ैक्सः +91 11 23275710

www.vaniprakashan.in
vaniprakashan@gmail.com

TUM PHOOLON KI BAAT KAHO
by Munib-Ur-Rahman
Collected by Baidar Bakht

ISBN : 978-93-5000-905-5
Shayri

प्रथम संस्करण

मूल्य : ₹ 395

ओम ऑफ़सेट, दिल्ली-110093 में मुद्रित

वाणी प्रकाशन का लोगो मक़बूल फ़िदा हुसेन की कूची से

तुम फूलों की बात कहो

उर्दू शायरी का संकलन
अंग्रेज़ी अनुवाद के साथ

मुनीब-उर-रहमान

संकलन
बेदार बख़्त

वाणी प्रकाशन

'सड़कों के चिराग़' से (1999–2005)

'हिज्र–ओ–फ़िराक़ की नज़्में' से (2002–2008)

मुनीब–उर–रहमान

किसी लोकप्रिय फ़िल्मी गाने की तरह लड़कों को ये डायलॉग (dialogue) भी याद हो गया थाः

> जिस किश्ती में वो बैठी थी वो किश्ती तख़्त–ए–तिलाई के मानिंद पानी पर शोला सामाँ थी। उसका अर्शा गोया सोने का वरक़ था, उसके बादबानों का रंग अर्ग़वानी था और वो इतने मोअत्तर थे कि हवा उनसे बीमार–ए इश्क़ हुई जाती थी। चप्पू चाँदी के थे और उनकी ज़र्बें बाँसुरी की तानों से हमआहंग थीं। जब वो मौजों पर पड़ते तो उन्हें गर्मतर कर देते थे, गोया वो उनके लम्स के शैदाई हों।

ये कोई 1958 या 1959 की बात है जब अलीगढ़ में नाच–गाना भी होता था और ड्रामे भी खेले जाते थे। वी एम हाल के मैरिस हॉस्टल के स्टेज पर शेक्सपियर के ड्रामे ऐनटनी और क्लयोपैट्रा का एक हिस्सा उर्दू में खेला गया। ऊपर लिखे हुए डायलॉग में ऐनोबारिस, क्लयोपैट्रा और मार्क ऐनटनी की पहली मुलाक़ात का ज़िक्र करता है। ड्रामा इतना अच्छा हुआ कि सबके दिल में खूब गया। न सिर्फ़ डायलॉग बल्कि सारे ड्रामे का असर मुझ पर भी बहुत हुआ। मैंने किसी दोस्त से पूछाः शेक्सपियर के ड्रामे का अनुवाद किसने किया है? उसने बहुत हैरान हो कर कहा तुम्हें नहीं मालूम? मुनीब साहब ने। "मुनीब साहब?" मैंने फिर अपनी अज्ञानता दिखाई। मेरे दोस्त ने खेद में अपना सर हिलाया। एक दूसरे दोस्त ने मेरी हिमायत में कहा "इस बेचारे का दोष नहीं है, यह इंजीनियरिंग का विद्यार्थी है"। फिर मुझे बहुत देर तक अपने योग्य दोस्तों का लेक्चर सुनना पड़ा कि डाक्टर मुनीब–उर–रहमान बहुत पढ़े–लिखे आदमी हैं, फ़ारसी

में लन्दन से पीएच.डी. हैं, बहुत बड़े शायर हैं, इंस्टीट्यूट ऑफ इस्लामिक स्टडीज में रीडर हैं। 'उससे क्या हुआ?' एक मौलवी जैसे दोस्त ने टोका "सुर्ख़ भी तो हैं, तरक़्क़ी पसंद शायर भी तो हैं" उस दिन से मुनीब साहब की योग्यता का आतंक दिल में बैठ गया कि ऐसा आदमी तो बहुत योग्य होगा जिसे यूनिवर्सिटी वाले उसके "सुर्ख़ा" होने पर भी उसे इंस्टीट्यूट ऑफ इस्लामिक स्टडीज में इतनी बड़ी जगह दें। फिर 1960 में अलीगढ़ मैगज़ीन में मुनीब–उर–रहमान की नज़्म "बाज़दीद" (Visitation[1]) छपी। मैंने भी पढ़ी।

तुम जो आओ तो धुँधलके में लिपट कर आओ
फिर वही कैफ़–ए–सर–ए–शाम लिये
जब लरज़ते हैं सदाओं के सिमटते साए
और आँखें ख़लिश–ए–हसरत–ए–नाकाम लिये
हर गुज़रते हुए लम्हे को तका करती हैं
खुद–फ़रेबी से हमआग़ोश रहा करती हैं

तुम जो आओ तो अँधेरे में लिपट कर आओ
मस्ती–ए–बाद–ए–सुबुकगाम लिये
शबनमी शीशों को सहलाएँ लचकती शाख़ें
और महताब–ए–ज़मिस्ताँ कोई पैग़ाम लिये
यूँ चला आए कि दर बाज़ न हो
कोई आवाज़ न हो

तुम जो आओ तो उजाले में लिपट कर आओ
फिर वही लज़्ज़त–ए–अंजाम लिये

---

[1] Meanings of difficult Urdu words in the poems are not given because the poems are translated almost literally in English. The poem under consideration is Poem No. 24 with translation on Page No. 93.

जब तमन्नाएँ किसी ख़ौफ़ से चीख़ उठती हैं
और ख़ामोशी–ए–लब सैकड़ों इबहाम लिये
एक संगीन हक़ीक़त में बदल जाती है
ज़िन्दगी दर्द में ढल जाती है

इस नज़्म ने बुद्धि से बढ़ कर दिल को छुआ। इसकी मधुरता में मैं बहुत दिनों तक गुम रहा, मगर अपने दोस्तों से अपनी पसन्द की बात नहीं की, इस डर से कि अगर उन्होंने नज़्म के मानी पूछ लिए तो क्या कहूँगा।

उन दिनों, मेरे बहुत से दोस्त वो थे जो ऐसी शायरी पसन्द करते थे जैसी फ़ना निज़ामी कानपुरी किया करते थे। हर उस नज़्म को तरक़्क़ी पसन्द कहते थे जो पुराने ढंग की न हो। वो शास्त्रीय संगीत, abstract art और आज़ाद नज़्म को intellectual लोगों की बीमारी समझते थे। अगर कोई दुर्भागी उनके सामने किसी ऐसी नज़्म की तारीफ़ कर दे जो सीधी–सादी न हो तो वह अनुरोध करते थे कि तारीफ़ करने वाला अपनी पसन्द का विश्लेषण ऐसी सरल भाषा में करे जिसे वह समझ सकें।

मुनीब साहब के नाम से मेरा परिचय इस तरह भी हुआ कि हमारे एक दोस्त उनकी योरोपियन बीवी से फ्रेंच सीखा करते थे। यूनिवर्सिटी में सिर्फ़ दो या तीन उस्तादों की बीवियाँ योरोपियन थीं। मुनीब साहब की बीवी के बारे में पता चला कि स्विस हैं। फ्रेंच के साथ जर्मन भी पढ़ाती हैं। बिल्कुल मेमसाहब हैं, यूनिवर्सिटी में साइकिल पर घूमती हैं।

बहुत जी चाहता था मुनीब साहब से मिलने का, मगर मिलने की कोई सूरत न बनी। फिर वक़्त गुज़रता गया, मैं अलीगढ़ और हिन्दुस्तान छोड़ कर लन्दन से होता हुआ टोरोन्टो में आ बसा। उर्दू साहित्य में अपनी कमइल्मी को कम करने की कोशिश करने लगा। इसी कोशिश में कुछ ज्ञानी लोगों में उठने बैठने लगा। उन से

मालूम हुआ कि मुनीब साहब अमेरिका आ गए हैं, और टोरोन्टो से कोई ढाई सौ मील की दूरी पर Detroit के पास एक छोटे से शहर Rochester में रहते हैं।

मैं बहाने की तलाश में था कि किसी तरह उस व्यक्ति से मिलना हो सके जिसके इल्म का रोब तो दिमाग़ पर था ही, दिल भी जिसकी शायरी के फंदे में फँस चुका था। आख़िर मिलने की सूरत यूँ निकली कि टोरोन्टो में कुछ लोगों ने शायद 1979 में एक कविसम्मेलन का प्रोग्राम बनाया और मुनीब साहब को भी बुलाया। वो आने के लिए तैयार हो गए अगर कोई उन्हें और उनकी बीवी को रौचेस्टर से टोरोन्टो ले आए। मुझे उस तरफ़ कोई काम था, अगर काम न भी होता तो मैं उन्हें लेने अवश्य जाता। ये तय हुआ कि मैं उन्हें और उनकी बीवी को कार से टोरोन्टो लाऊँ।

तय किये हुए वक़्त पर मैंने फ़ोन किया, अपना नाम बताया और उनके घर का रास्ता पूछा। बोले "जी मुझे मालूम है कि आप आ रहे हैं, बहुत ख़ुशी हुई, मगर मैं गाड़ी नहीं चलाता, इसलिए रास्ता नहीं बता सकता, मेरी बीवी बताएँगी" फ़ोन अपनी बीवी को दे दिया। हमारी बात अंग्रेज़ी में हुई। उन्होंने रास्ता बहुत अच्छी तरह समझाया।

"मैं गाड़ी नहीं चलाता" वाली बात खटकती रही। अलीगढ़ में मुनीब साहब को दूर से शायद देखा हो, मगर उनकी इमेज तो एक लन्दनपलट अंग्रेज़ क़िस्म के व्यक्ति की थी। उन दिनों लोग–बाग बस एक साल लन्दन रह कर काले अंग्रेज़ हो कर लौटते थे। मुनीब साहब तो छः साल रह कर आए थे। मोटर चलाना तो उन्हें आना ही चाहिए। ये भी मशहूर था कि कम्युनिस्ट हैं। अगर धर्म के ख़िलाफ़ न भी हों तो नास्तिक ज़रूर होंगे। जब मिला तो देखा कि वह तो एक सीधे–सादे हिंदुस्तानी आदमी थे। उनके ड्राइंग रूम में क़ालीनों की शक्ल में हाथ के बनाए हुए "अल्लाह" और "मोहम्मद" के नक़्शे मुझे हैरानी से देखते हुए देखा तो अपनी बीवी की तरफ़

इशारा कर के बोले, "इन्होंने बनाए हैं"। मैंने सोचा कि यह आदमी तो नास्तिक नहीं हो सकता।

मुनीब साहब के घर से टोरोन्टो की यात्रा कोई पाँच घंटे की थी। रास्ते में इधर–उधर की बातें होती रहीं। मालूम हुआ कि वह 1970 में अलीगढ़ छोड़ कर Oakland University के Department of Modern Languages में आ गए थे। बीवी बच्चे 1971 में आए। मैंने पूछाः आप का घर तो यूनिवर्सिटी से बहुत दूर है, आप गाड़ी नहीं चलाते तो यूनिवर्सिटी कैसे जाते हैं? "भई ये ज़ेबा छोड़ आती हैं"। "मगर आप गाड़ी क्यों नहीं चलाते?" मेरी हैरत अभी तक दूर नहीं हुई थी। "सारी ज़िन्दगी गाड़ी नहीं चलाई, अब सीखी नहीं जाती"।

रौचेस्टर से टोरोन्टो की यात्रा के बीच बेगम मुनीब–उर–रहमान ने बहुत साफ़ उर्दू में, अलीगढ़ के "ढ़" को ठीक कहते हुए पूछाः आप अलीगढ़ में कब थे? उनकी ज़बान से अचानक उर्दू सुन कर मैं बहुत हैरान हुआ। फिर हमारी बातचीत कभी उर्दू कभी अंग्रेज़ी में होती रही। मालूम हुआ कि उन्होंने उर्दू अलीगढ़ में नौकरों, बच्चों या ऐसे रिश्तेदारों से सीखी जो अंग्रेज़ी नहीं जानते थे। "मुझे मुनीब और उनके दोस्तों से ये शिकायत रही कि उन्होंने हमेशा मुझसे अंग्रेज़ी में ही बात की"।

मुनीब साहब और उनकी बेगम इस बार हमारे घर ठहरे। मेरी बीवी और बच्चों से ख़ूब दोस्ती हो गई। बेगम मुनीब–उर–रहमान हमारे लिए ज़ेबा आपा हो गई और बच्चों के लिए ज़ेबा चची। जब उर्दू–फ़ारसी शायरी में दिलचस्पी की बैट्री डाउन होने लगती थी तो उसे रीचार्ज करने ले लिए मुनीब साहब के घर दो चार दिन गुज़ार आता था। वहाँ दिमाग़ का भोजन भी मिलता था और पेट का भी। मुनीब साहब खाना अच्छा पकाते हैं। एक बार फुल्के बनाने की एक मशीन बड़े गर्व से दिखाई कि "अब रोटी ख़ुद पका सकता हूँ"।

पिछले बीस–तीस सालों में मुनीब साहब और ज़ेबा आपा से बहुत बार मिला। इस दौरान मुनीब साहब, और उनके माध्यम से कुछ अपने आप को, जानने का मौक़ा मिला। मगर इस वक़्त तो सिर्फ़ मुनीब साहब की बात करनी है।

मुनीब–उर–रहमान 18 जुलाई 1924 को आगरे में पैदा हुए। शुरू की पढ़ाई इलाहाबाद के एक रोमन कैथोलिक स्कूल में हुई, जहाँ अंग्रेज़ी में पढ़ाई होती थी। उनके पिता शैख़ इकराम हुसैन पुलिस में थे। जब उन्होंने देखा कि उनका लड़का अंग्रेज़ी तो अच्छी सीख रहा है मगर अपनी ज़बान भूलता जा रहा है, तो उन्होंने उसे छठी क्लास में एक देसी स्कूल में दाख़िल करा दिया। वहाँ यह मालूम हुआ कि लड़का अंग्रेज़ी को छोड़ कर सब विषयों में कमज़ोर है। दो साल बाद इकराम हुसैन का तबादला आगरा हो गया। अब मुनीब–उर–रहमान को शोएब मोहम्मदया स्कूल में दाख़िल करा दिया गया। जब फिर इकराम हुसैन का तबादला हुआ तो तय पाया कि मुनीब–उर–रहमान अपनी माताजी के साथ अपने पुरखों के शहर डिबाई जाएँ। वहाँ से उन्होंने 1936 में मैट्रिक किया, फिर मेरठ कालिज से इंटर कर के अलीगढ़ चले गए, जहाँ से बी. ए. के बाद इतिहास में एम. ए. किया और वकालत की डिग्री भी ली। फिर फ़ारसी में एम. ए. किया। मुनीब–उर–रहमान को बचपन से अंग्रेज़ी में भी दिलचस्पी थी और फ़ारसी में भी।

इकराम हुसैन को पुलिस की नौकरी से रिटायर होने के बाद रामपुर में नौकरी मिल गई। मुनीब–उर–रहमान को भी अलीगढ़ की पढ़ाई के बाद रामपुर में एक मशीन टूल फ़ैक्ट्री में वहाँ के अंग्रेज़ डायरेक्टर के पर्सनल असिस्टेंट का काम मिल गया, मगर इस काम में उनका मन न लगा।

उन दिनों ख़्वाजा गुलाम–उस–सय्यदैन रामपुर के एजुकेशन डिपार्टमेंट के सेक्रेटरी थे। जब वह नौजवान मुनीब–उर–रहमान से

मिले तो उन्हें बहुत आश्चर्य हुआ कि इतना पढ़ा–लिखा आदमी ऐसी जगह समय बरबाद कर रहा है जहाँ उसकी पढ़ाई से कोई लाभ नहीं उठाया जा सकता। उन्होंने मुनीब–उर–रहमान को मशवरा दिया कि उन्हें लन्दन स्कूल ऑफ इकोनॉमिक्स में एडमिशन की कोशिश करनी चाहिए। जंग के दिन थे, बाहर जाने की अनुमति मुश्किल से मिलती थी। फिर यह हुआ कि गुलाम–उस–सय्यदैन को किसी डेलीगेशन के साथ लन्दन जाने का अवसर मिल गया। वहाँ उन्होंने अपनी कोशिश से मुनीब–उर–रहमान की भर्ती लन्दन स्कूल ऑफ इकोनॉमिक्स में फ़ारसी में पीएच.डी. के लिए करा दी।

जब मुनीब–उर–रहमान लन्दन जाने के लिए तैयार हुए तो जंग ख़त्म हो चुकी थी। वह एक फ़ौजियों के जहाज़ से पहली जनवरी 1946 को लन्दन पहुँचे। जंग के निशान अभी बाक़ी थे। लन्दन बमबारी की वजह से खँडहर बना हुआ था। तंगी थी, खाने–पीने की चीज़ों पर राशन था, मगर मुनीब–उर–रहमान जल्द ही वहाँ की ज़िन्दगी में रचबस गए।

लन्दन जाने से पहले मुनीब–उर–रहमान एक अच्छे मॉडर्न उर्दू शायर माने जा चुके थे। शुरू में उन्होंने दूसरे नौजवानों की तरह आम रोमैंटिक शायरी की। मिसाल के तौर पर रिसाला "साक़ी" के नवम्बर 1939 के परचे में उनकी एक नज़्म "मैं जानता हूँ कि मुझ से तुम्हें मोहब्बत है" के नाम से छपी। इस नज़्म की आख़री लाइन है मैं पूजता हूँ तुम्हें, तुमसे प्यार करता हूँ। मुझे इस नज़्म की कापी कहीं से मिली तो मैंने फ़ोन पर मुनीब साहब को इसके बारे में बताया। सुन कर बहुत प्रसन्न नहीं हुए हाँ पहले ये बकवास भी लिखी थी।

मुनीब–उर–रहमान की नई शायरी की पहली नज़्म 1940 में "सितारा"[2] के नाम से छपी। नीचे लिखी हुई नज़्म से अन्दाज़ा होगा

---

[2] Poem No. 1, with translation on Page 36.

कि पच्चीस साला जवान की शायरी में कितनी नवीनता है। निकलना खुल्द से आदम का सुनते आए थे[3] लेकिन इस तरह नहीं।

सितारा आसमाँ से टूट कर सू–ए–ज़मीं आया
वतन को छोड़ कर अह्ल–ए–फ़लक का हमनशीं आया
उसे बेताबी–ए–दिल बेमुहाबा खींच लाई थी
जहान–ए–रंग–ओ–बू की हर अदा में दिलरुबाई थी

वो आज़ुर्दा रहा करता था उस ख़ामोश बस्ती से
उसे खुद आर सी आने लगी थी अपनी हस्ती से
फ़लक उसकी निगाहों में सरासर तंग दामाँ था
वह उतरा और फ़ज़ा की वसअतों में खो गया आख़िर
ख़मोशी से ज़मीं की शोरिशों में खो गया आख़िर

मुनीब–उर रहमान की नज़्में बहुत मशहूर रिसालों में छपीं। नए शायर के तौर पर उनका नाम इतना माना जा चुका था कि गुलाम अहमद फ़ुरक़त काकोरवी[4] ने अपनी हास्य किताब में मुनीब–उर रहमान की शायरी का भी मज़ाक़ उड़ाया।

> जब तक हिन्दुस्तान में थे तो उर्दू में फ़्रांसीसी बोलते थे,
> अजब नहीं कि अब उर्दू ज़बान में अंग्रेज़ी बोलते हों।

---

[3] Refers to the ghazal verse of Ghalib (1797-1869):
निकलना खुल्द से आदम का सुनते आए थे लेकिन
बोहत बेआबरू हो कर तिरे कूचे से हम निकले

[4] Ghulam Ahmed Furqat Kakorvi (1910-1973), who wrote humour both in prose and poetry, was quite vocal against modern poetry; his book 'Narava', published in 1946, made fun of many modern Urdu poets.

> अलीगढ़ से डबल एम. ए. हैं और कलाम मीराजी[5] यूनीवर्सिटी का मिडल पास मालूम होता है। ...

मुनीब–उर–रहमान लन्दन से फ़ारसी साहित्य में डाक्ट्रेट करने गए थे। उनकी सुपरवाइज़र ए.के.एस. लैंपटन थीं जो अपने फील्ड में बहुत मशहूर थीं। पूर्णकालिक छात्र होने के साथ मुनीब–उर रहमान और कामों में भी मसरूफ़ रहते थे। एक तरफ़ तो बीबीसी की अंशकालिक नौकरी थी जिससे रुपये पैसे का आराम था, और दूसरी तरफ़, ख़याल है कि, लड़कियों की दोस्ती भी होंगी जो उस सजीले जवान को आसानी से मिल जाती होंगी। मिलन और जुदाई के सिलसिले, ज़रूर पढ़ाई के बीच आते होंगे। 1946 की लिखी हुई नज़्म 'चाँद बोला' शायद मेरे अनुमान को ठीक साबित करे।

चाँद बोला अभी तक वो आई नहीं
रात ढलने लगी रास्ते सो गए
शह्र के हमहमे ख़्वाब में खो गए
और फ़ुटपाथ पर
एक बेआसरा लैम्प की रौशनी
दायरा सा बनाती रही
टिमटिमाती रही
और सब ज़िन्दादिल अपने घर जा चुके
दिल को बहला चुके

चाँद बोला, ये परछाईं जो आ रही है कहीं वो न हो
उसकी रफ़्तार में बेक़रारी का अन्दाज़ है
उठ रहे हैं इसी सिम्त उसके क़दम
ये सदा उसके क़दमों की आवाज़ है

---

[5] Meeraji (1912-1949) was known for his obscure modern poems as well as for defying the norms of Urdu poetry prevelant in his times.

देखना अब किसी पल भी घंटी बजी
और वो आ गई

चाँद बोलाः घड़ी में सवा बज चुका
अब न आएगी वो
उसके वादे का आख़िर भरोसा ही क्या
बारहा उसने पहले भी धोका दिया
वो तो जो कुछ करे उसकी हक़दार है
हाँ मगर तेरे दिल को जो आज़ार है
उसका दुनिया में को:ई मुदावा नहीं
कोई चारा नहीं[6]

मुनीब–उर–रहमान की शायरी मुझे ख़ास तौर पर इसलिए अच्छी लगती है कि वह बनावटी नहीं लगती। शायरी का जो raw material उन्हें इंग्लैण्ड से मिला उसे अपने शेरों में ढालने के लिए उन्हें फ़ारसी metaphors की ज़रूरत नहीं पड़ी। मिसाल के तौर पर 1946 की लिखी हुई ये नज़्म देखिए, जिसका नाम "इज़्हार" यानी expression है।

अब तेरे जिस्म से उठती हुई खुश्बू की लपट
मेरे एहसास पे आवेज़ाँ है
गर्म है कमरे की ख़ामोश फ़िज़ा
तेरे आरिज़ पे पसीने की नमी
ज़हन में लाती है बरसात की पहली रातें
नीम सिगरट तिरे पोरों में दबी
सुरख़ी–ए–लब ने निशाँ छोड़ दिए हैं जिस पर
कह रही है कि हक़ीक़त है फ़क़त दूद–ए–रवाँ
तू भी ख़ामोश है मैं भी चुप हूँ

---

[6] Poem No. 15, with translation on Page 71

और हम दोनों यही सोच रहे हैं दिल में
काश मिन्नत–कश–ए–इज़्हार न होना पड़ता[7]

"नीम सिगरट तिरे पोरों में दबी", "सुरख़ी–ए–लब ने निशाँ छोड़ दिए हैं जिस पर": ये मिसरे नज़्म के बहाव में ऐसे बहे जाते हैं कि ख़याल भी नहीं आता कि लिपस्टिक के धब्बों से भरी अधजली सिगरट उर्दू शायरी के मिज़ाज से लग्गा नहीं खाती। आज के मॉडर्न शायर जब ऐसे लफ़्ज़ इस्तेमाल करने की दाद चाहते हैं तो मुझे ख़याल आता है कि ये नूतनता तो अब पचास–साठ साल पुरानी हो गई।

एलिज़बेथ मोर (Elizabeth Mohr) एक नौजवान सुन्दर सुइस लड़की थी जो 1947 में लन्दन में फ्रेंच और जर्मन पढ़ाने के बाद पैरिस चली गई, जहाँ उसे न्यूजवीक में अनुवाद का काम मिल गया। लन्दन की एक दोस्त सिसील्या मक्डोनल्ड उससे अक्सर तीन हिन्दुस्तानी दोस्तों की बहुत प्रशंसा करती थी। इनमें से एक नीतिज्ञ था, एक साइंटिस्ट था और एक शायर। शायर का नाम था: मुनीब–उर रहमान।

1949 की गर्मियों में एलिज़बेथ छुट्टियों में सिसील्या से मिलने लन्दन आई। उन दिनों मुनीब–उर रहमान हरनिया के आपरेशन की वजह से अस्पताल में थे। दोनों लड़कियाँ हाल पूछने के लिए गईं मगर बीमार अपने दोस्तों में इतना मगन था कि उसने दो खूबसूरत लड़कियों को लिफ़्ट ही नहीं दी।

---

[7] The theme of this poem (Poem No. 16, translation on Page 73), written in 1946, is also used by Balraj Komal (b. 1928) in his poem *Rishta-e Dil*, written in early 1960s.

1951 में जब फ़ैज़ अहमद फ़ैज़[8] और सज्जाद ज़हीर[9] रावलपिन्डी केस में गिरफ़्तार हुए तो मुनीब–उर–रहमान पर इसका बहुत असर हुआ। उन्होंने इंग्लैण्ड के बुद्धिजीवियों से मिल कर आंदोलन शुरू किया कि इन दोनों लेखकों को छुड़ाया जाए। आंदोलन को यूनाइटेड नेशंस ले जाने का फ़ैसला हुआ, जिसके दफ़्तर उन दिनों पैरिस में थे। मुनीब–उर–रहमान को इस काम के लिये चुना गया। उनके एक दोस्त ने एलिज़बेथ मोर को लिखा कि वह पैरिस में मुनीब–उर–रहमान की देखभाल करें। एलिज़बेथ हमारे हीरो की पिछली मुलाक़ात से बहुत खुश् न थीं मगर वह शायद इसलिए मान गईं कि वह एक अच्छा काम करने पैरिस जा रहे थे। दूसरी वजह ये भी हो सकती है कि मुनीब–उर–रहमान एक मशहूर शायर होने के अलावा ख़ासे dashing भी थे।

मुनीब–उर–रहमान 2 अप्रैल 1951 को पैरिस पहुँचे और उसी दिन एलिज़बेथ से मिले। उनके पैरिस जाने का लाभ फ़ैज़ और सज्जाद ज़हीर को मिला हो या न मिला हो, मगर खुद मुनीब–उर–रहमान को अवश्य मिला। एलिज़बेथ से एक हफ़्ते रोज़ मिलने के बाद उन्होंने शादी का proposal दे डाला जो तुरंत मान लिया गया मगर इस शर्त पर कि शादी एक–आध महीने बाद हो ताकि दोनों अपने–अपने माँ–बाप से इजाज़त ले लें।

5 फ़रवरी 1952 को मुनीब–उर–रहमान और एलिज़बेथ मोर की शादी लन्दन में रहने वाले प्रासिद्ध पत्रकार इक़बाल सिंह के घर हुई। मुनीब साहब से मिलने के बाद ऐसा लगता है कि ये आदमी इतनी ख़ामोश तबीयत का है कि इसमें व्याकुलता नहीं हो सकती। फिर इसने सिर्फ़ एक हफ़्ते की मुलाक़ात के बाद ये निर्णय कैसे कर

---

8 Faiz Ahmed Faiz (1911-1984), the most popular Progressive Urdu poet.

9 Sajjad Zaheer (1904-1973) was one of the founders of the Progressive Writers' Movement.

लिया कि एलिज़बेथ से शादी करनी चाहिए। शायद इसका उत्तर ये हो कि ये आदमी अपने आप को पहचानता हो, या औरों के अन्दर देख सकता हो। उत्तर जो भी हो, कोई पचास साल का सुखी विवाही संबंध और चार अच्छे बच्चे इसके गवाह हैं कि उन्होंने शादी करने में व्याकुलता से काम नहीं लिया था। खुद को पहचानने पर 1960 की लिखी एक नज़्म "आइना" याद आई। मुनीब साहब ने एक बार मुझे बताया था कि इस नज़्म का विचार उन्हें शेक्सपियर के ड्रामे जूलियस सीजर से मिला था, जिस में कैसपियस ब्रूटस से पूछता है: हाँ अच्छे ब्रूटस बताइए क्या आप अपना चेहरा देख सकते हैं? ब्रूटस जवाब देता है: नहीं कैसपियस, आँख अपने आपको नहीं देख सकती जब तक और चीज़ों के ज़रिए उसे अपना अक्स नज़र न आए। ये अनुवाद मुनीब–उर–रहमान की पुस्तक से लिया गया है जिसे साहित्य अकादमी ने 1988 में छापा था। ये नज़्म, जिसकी प्रसिद्ध कवि शहरयार[10] ने बहुत अच्छी एनालिसिस की थी, यूँ है:

दिन निकलते ही आइना बोला
आओ बेरोक–टोक आ जाओ
इस तकल्लुफ़ की क्या ज़रूरत है
मैं हमेशा से जानता हूँ तुम्हें
फिर ताअर्रुफ़ की क्या ज़रूरत है
एक दिन एक तिफ़लक–ए–मासूम
मेरी आग़ोश में मचलता था
वो समाँ तुम को याद हो कि न हो

शाम को राह–ए–सर्द–ओ–वीराँ पर
एक साया क़रीब आता है
और कहता है आओ साथ चलें

---

[10] Sharyar (b. 1936) was recently given the Jnanpith Award, the most prestigious literary award of India.

पास के रेस्तोरॉं में चाय पियें
और मैं पूछता हूँ क्या मुझसे
आश्ना हैं तमाम अह्ल–ए–जहाँ
मैं कभी अक्स हूँ कभी साया
अस्ल की जुस्तुजू में सरगरदाँ
ख़ुद को पहचानने में उम्र कटी
और अपने लिए मैं ग़ैर रहा
सब ने देखा मुझे मगर मैं ही
अपनी सूरत कभी न देख सका[11]

मुनीब–उर–रहमान की पढ़ाई में सब से बड़ा रोड़ा डालने वाला उनका बीबीसी का काम था जो न सिर्फ़ रोज़ी–रोटी के लिए आवश्यक था बल्कि artistic expression के लिए भी। उन दिनों मुनीब–उर–रहमान बहुत तेज़ी से लिखते थे। गांधीजी की मृत्यु पर रातों–रात एक नज़्म लिख कर दूसरे दिन ब्राडकास्ट भी कर दी। बीबीसी के लिए मुनीब–उर–रहमान ने शेक्सपियर के कई ड्रामों का अनुवाद किया। अंग्रेज़ी ड्रामों के अनुवाद औरों ने भी किए हैं[12] मगर उनमें से बहुत से ऐसे हैं कि अगर स्टेज पर खेले जाएँ तो अच्छे न लगेंगे। मुनीब साहब के अनुवाद ऐसे हैं कि उनके डायलॉग ऐसी ही रवानी से बोले जा सकते हैं जैसे शेक्सपियर के डायलॉग।

शादी के कुछ महीने बाद अपने पहले बेटे के जन्म से पहले मुनीब–उर–रहमान और उनकी बेगम, एलिज़बेथ के पुश्तैनी शहर जनीवा चले गए। वहाँ हिन्दुस्तान के राजदूत आसिफ़ अली से मिले। एलिज़बेथ से पहली मुलाक़ात के ठीक एक साल बाद,

---

11 Poem No. 30 with translation on Page No. 105.

12 For example, the versified translation of Antony and Cleopatra by Shanul Haq Haqqi (1917-2005), Oxford University Press, Karachi, 2002), while a good read, cannot be performed on the stage with good effect.

2 दिसम्बर 1952 को उनका पहला बेटा पैदा हुआ, जिसका नाम आसिफ़ रहमान रखा गया।

जनीवा जाने के कुछ दिन पहले डाक्टर ज़ाकिर हुसैन, जो उन दिनों अलीगढ़ यूनिवर्सिटी के वाइस चान्सलर थे, लन्दन आए और मुनीब साहब और उनकी बेगम से मिले। बातों–बातों में एलिज़बेथ से पूछाः आप इन्हें अलीगढ़ कब ला रही हैं। तब मुनीब साहब को ख़याल आया कि जिस काम के लिए वह लन्दन आए थे, अब वह पूरा होना चाहिए। बहुत मेहनत कर के उन्होंने अपनी रिसर्च का काम कुछ ही महीनों में समेट लिया। अगस्त 1953 में उन्हें लन्दन यूनिवर्सिटी से मॉडर्न पर्सियन पोएट्री के काम पर पीएच.डी. की डिग्री मिल गई। उसी साल पहले मुनीब साहब हिन्दुस्तान पहुँचे और बीवी–बच्चा बाद में।

मुनीब साहब की बेगम को उनके घर वाले और क़रीबी दोस्त "ज़ाब" कहते थे। हिन्दुस्तान जाने से पहले उन्होंने मुनीब साहब से कहा कि ज़ाब से मिलता–जुलता कोई उर्दू नाम सोचें जिससे उन्हें उनकी ससुराल वाले पुकार सकें। इस तरह बेगम मुनीब-उर-रहमान का नाम ज़ेबा पड़ा जो बाद में उनकी शख़्सियत का एक हिस्सा बन गया।

अलीगढ़ में मुनीब साहब को इंस्टीट्यूट ऑफ इस्लामिक स्टडीज में रिसर्च फेलो की जगह मिल गई। वहीं उनके तीन बच्चे, आज़ाद, समीना और सालिक हुए। ज़ेबा रहमान युनिवर्सिटी में फ्रेंच और जर्मन पढ़ाने लगीं। कुछ ही दिनों में मुनीब साहब और उनका परिवार अलीगढ़ के जीवन में रच–बस गए। वह अपने मकान "गुल–ए–राना" में रहने लगे। ऐसा लगता था कि मुनीब साहब ने हमेशा के लिए अलीगढ़ में रहने का इरादा कर लिया था।

लन्दन में रहने के बावजूद मुनीब–उर–रहमान की शायरी हिन्दुस्तान और पाकिस्तान के रिसालों में छपती रही, और उनका नाम उर्दू के अच्छे शायरों में मीराजी[13], राशिद[14], फ़ैज़[15] और अख़तर–उल इमान[16] के साथ लिया जाता रहा। उनकी पहली किताब "बाज़दीद" के नाम से 1965 में छपी, जिसमें उनकी पूरी नज़्में शामिल नहीं थीं। सरदार जाफ़री[17] ने उस किताब पर आपत्ति की कि उनकी शायरी में बहुत 'नफ़ासत और ठंडक' है। आपत्ति शायद इसलिए थी कि इस किताब में वह सब कलाम नहीं था जिसे "तरक़्क़ी पसंद" कहा जा सके। शायद इस अपराध को ग़लत साबित करने के लिए, पहली किताब के 23 साल बाद "बाज़दीद" का पूरा एडीशन मुनीब–उर–रहमान ने खुद अपने हाथ से टाइप कर के Oakland University, USA से छापा। इस किताब का foreword शम्स–उर रहमान फ़ारूक़ी ने लिखा, जिसमें उन्होंने एक दिलचस्प बात कही कि "राशिद के अलावा मुनीब–उर–रहमान हमारे वाहिद शायर हैं जिनके बारे में कहा जा सकता है कि वह बयक वक़्त उर्दू, फ़ारसी और अंग्रेज़ी में सोच सकते हैं"।

मुनीब–उर–रहमान लन्दन से ड्रामों का शौक़ लाए थे। अलीढ़ आ कर ये शौक़ और भी बढ़ गया। जैसा कि इफ़्तिख़ार आलम ख़ाँ ने अपनी किताब "पहले आप"[18] के foreword में लिखा है, "आज़ादी के

13 See Note No. 5

14 N. M. Rashed (1910-1975) is generally regarded as the founder of free verse in Urdu

15 See Note No. 8

16 Akhtarul Iman (1915-1996) is regarded as the guru of modern Urdu poetry.

17 Sardar Jafri (1913-2000) in his last years was virtually the sole spokesman of the Progressive Writers' Movement; Munibur Rahaman wrote Poem No. 71 (translation on Page No. 197) after his death.

18 'Pehle aap' by Iftikhar Alam Khan, Maktaba Jamia, New Delhi, 2004.

बाद अलीगढ़ में वह उर्दू स्टेज के बानी कहे जा सकते हैं। उन का नाम ड्रामे और स्टेज की अलामत बन गया था।" मुनीब–उर–रहमान ने कई अभिनेताओं को groom किया, जिनमें प्रसिद्ध अभिनेता नसीरुद्दीन शाह भी हैं।

Jean Batiste Moliere (1622-1673) फ़्रांस का ड्रामा लिखने वाला था, जिसने एक मशहूर ड्रामा Le Tartuffe के नाम से लिखा था, जो उन दिनों के कुछ ईसाई पादरियों के पाखण्डीपन पर एक उपहास था। जब मोलियर पर अपराध लगाया गया कि ये ड्रामा धर्म के विरुद्ध है तो उसने बचाव में कहा कि ड्रामा धर्म के विरुद्ध नहीं है, इसमें उन लोगों का मज़ाक़ उड़ाया गया है जो धर्म के ठेकेदार बन कर उसकी आड़ में खुद अपनी बुराई छुपाते हैं। सत्रहवीं शताब्दी के लोग मोलियर की बात समझ गए और ड्रामा खूब पसन्द किया गया। अब उसे एक classic का दर्जा मिल चुका है।

अलीगढ़ में मुनीब साहब ने मोलियर के ड्रामे का अनुवाद उर्दू में किया और फ़्रान्सीसी पादरी को एक ऐसे बेईमान हिन्दुस्तानी आदमी में बदल दिया जो अपने आप को धर्म का रखवाला समझता हो। उर्दू के ड्रामे का नाम "शाह साहब" रखा गया। जब शाह साहब अलीगढ़ में खेला गया तो इतिहास ने अपने आप को दोहराया। उन लोगों ने, जिन्हें शाह साहब में खुद अपनी झलक दिखाई दी, शोर कर दिया कि ड्रामा मज़हब के ख़िलाफ़ है।

अलीगढ़ में मुनीब साहब का बुरा चाहने वालों से बहुत ज़ियादा उनके तरफ़दार भी थे जो जानते थे कि ये आदमी अपने मज़हब को चाहता भी है और उसे दूसरों से ज़ियादा समझता भी है, मगर उस ज़माने के अलीगढ़ में मुनीब साहब के तरफ़दारों की वकालत काम न आई।

अलीगढ़ में मुनीब साहब का बुरा चाहने वालों का उपद्रव उस वक़्त से शुरू हो गया था जब उन्हें इंस्टीट्यूट ऑफ इस्लामिक स्टडीज

का डायरेक्टर बनाया गया। उन लोगों ने यह अविश्वसनीय अफ़वाह फैलाई कि मुनीब साहब के कहने पर कुरान के पन्ने जलाए गए हैं। अलीगढ़ के ख़ास सियासी वातावरण में इस अफ़वाह पर एक झगड़ा खड़ा हो गया। मुनीब साहब और उनके परिवार की जान के लाले पड़ गए। हालात से तंग आ कर मुनीब–उर–रहमान ने अलीगढ़ को हमेशा के लिए छोड़ने का निर्णय कर लिया।

यूएसए की ओकलैंड यूनिवर्सिटी के कारलो कपोला जिनका तरक़्क़ी–पसंद तहरीक के इतिहास पर काम जाना पहचाना है, उन दिनों अलीगढ़ में थे। उनका कहा मान कर मुनीब–उर–रहमान ने ओकलैंड यूनीवर्सिटी के डिपार्टमेंट ऑफ मॉडर्न लैंग्वेज में प्रोफ़ेसरी के लिए दरख़्वास्त दे दी जो तुरंत स्वीकार हो गई। 1970 में पहले मुनीब साहब और फिर बीवी–बच्चे अमरीका आ कर बस गए।

मुझ जैसे बहुत से लोग खुद अपनी इच्छा से अपना देश छोड़ कर पश्चिम में आ कर बस गए हैं। उन्हें देश की वही चीज़ें याद आती हैं जिनसे भाग कर देश छोड़ा था। याद जब बहुत सताती है तो अपने आप को यह कह कर समझाते हैं कि ये एक तरफ़ का रास्ता हम ने खुद ही चुना था। अब पछताना बेकार है। ये बात तो साफ़ है कि मुनीब साहब ये भी नहीं कह सकते। उन्हें देश की याद आती तो होगी मगर कहानियों के चरित्र की तरह मुड़ कर भी नहीं देख सकते, कि अगर मुड़ कर देखा तो पत्थर के हो जाएँगे।

अलीगढ़ छोड़कर मुनीब–उर–रहमान इतने दुःखी हुए कि शायरी क़रीब–क़रीब छोड़ दी। ऐसा लगा कि उर्दू शायरी से उनका कोई सम्बन्ध ही न था। कुछ दोस्तों का कहा मान कर एक छोटी–सी किताब "शह्र–ए–गुमनाम" के नाम से 1983 में छपवाई, जिसमें बहुत–सी नज़्में अमरीका आने से पहले की थीं। रिसालों में नज़्में भेजना पहले ही बन्द कर चुके थे। साहित्य से दस–पन्द्रह साल ग़ायब रहने और भीड़–भाड़ से दूर भागने का नतीजा ये हुआ कि उर्दू वाले उन्हें भूलने लगे। अब न कोई पुरस्कार उन्हें मिलता है

और न उनका नाम उर्दू के बड़े शायरों में इस तरह लिया जाता है जैसे अब से तीस–पैंतीस बरस पहले लिया जाता था।

अलीगढ़ छोड़ने के बाद आहिस्ता–आहिस्ता पुराने घाव भरने लगे और शायरी में फिर से दिलचस्पी लेने लगे। इसमें कुछ हाथ तो वक़्त का भी होगा, मगर तीन ज़ाती दुर्घटनाएँ भी इसकी ज़िम्मेदार हैं। 1998 में उनकी आँखें जाती रहीं और उन्हें क़ानूनी तौर पर नेत्र हीन मान लिया गया। आँखें जाने से पहले उनका बहुत समय encyclopedias के लिए articles लिखने में बीता करता था। Encyclopedia Iranica और Encyclopedia of Islam के लिए तीस के क़रीब articles लिखे। शह्रयार ने मुनीब साहब से टी.वी पर इंटरव्यू लेते हुए उनसे कहा कि उनकी आँखों का जाना खुद उनके लिए बड़े खेद की बात है मगर उर्दू का इससे ये फ़ायदा हुआ कि पहले जो समय वह encyclopedia के लिए articles लिखने में लगाते थे, अब वह शायरी करने में लगता है।

दूसरी दुर्घटना जो उन पर पड़ी, वह 2002 में उनकी बेगम की मृत्यु थी। और फिर 2006 में उनके जवान बेटे आज़ाद की मृत्यु कैन्सर में हो गई। तीनों दुर्घटनाओं को मुनीब–उर–रहमान ने जिस हिम्मत से झेला है उसकी मिसाल आसानी से नहीं मिल सकती।

मुनीब–उर–रहमान ने नज़्म "ख़ाना–ए मतरूक"[19] (abandoned house) 1977 में लिखी जब वह छुट्टियों में अलीगढ़ गए और अपने पुराने घर "गुल–ए–राना" में ठहरे, जहाँ अब उनके एक क़रीबी रिश्तेदार रहते हैं।

दरवाज़े के शीशों से लगी हैं आँखें
हर गोशे में माज़ी की कमींगाहें हैं
यादें हैं के बिखरे हों खिलौने जैसे

---

[19] Poem No. 44 with translation on Page 134

कुछ आहटें, कुछ क़हक़हे, कुछ आहें हैं

जो लोग यहाँ रहते थे उनके साए
चुप–चाप फिरा करते हैं इन कमरों में
खोई हुई आवाज़ गए वक़्तों की
गूँज उठती है मानिंद–ए–अज़ाँ कानों में

मैं आया हूँ अपने यहाँ मेह्माँ बन कर
कुछ रोज़ गुज़ारूँ गा चला जाऊँगा
मिट जाएगा ग़म दूरी का धीरे–धीरे
क्या जानिये फिर लौट के कब आऊँगा

हर संग है इक संग–ए–मलामत गोया
हर कत्बा–ए–दीवार है दुश्नाम मुझे
पैमान–ए–वफ़ा बाँधा था मैंने इनसे
अब तकते हैं हैरत से दर–ओ–बाम मुझे

बेगम मुनीब बताती थीं कि "मुनीब अलीगढ़ में बिलकुल हिन्दुस्तानी मर्दों की तरह हर शाम दोस्तों से गपशप के बाद देर से घर आते थे"। मैंने भी देखा है कि मुनीब साहब पुराने लोगों की तरह अच्छी सोहबत पसन्द करते हैं। जहाँ अब वह रहते हैं, वहाँ दोस्त, मिलने वाले बहुत कम हैं। सब बच्चे दूर रहते हैं। कभी–कभी मिलने आ जाते हैं।

अमरीका में लोग 65 साल की आयु में रिटायर हो जाते हैं, मगर मुनीब साहब 70 साल की आयु तक यूनिवर्सिटी में काम करते रहे। उन्होंने खुद तो नहीं कहा, मगर मुझे ख़याल आता है कि हर वक़्त क़द्रदानों और दोस्तों में घिरा रहने वाला आदमी अमरीका के एक छोटे से शहर में अकेलेपन का शिकार तो ज़रूर होता होगा। कई

साल पहले उन्होंने एक नज़्म "टेलीफून"[20] के नाम से लिखी थी। शायद ये नज़्म पश्चिम की तेज़रफ़्तार ज़िन्दगी की दुःखांतकी पर भी हो और अपनी बेचारगी पर भी।

शाम की मुरझाई–मुरझाई सी मद्धम रौशनी में
खिड़कियों के उस तरफ़ वो सालखुर्दा सर्द चेह्रे
सामने टीवी को धुँधलाई हुई आँखों से तकते
हर बशर छोटी सी इक दुनिया–ए–तन्हा
बच्चे बढ़ कर अपने–अपने रास्तों पर जा चुके हैं
दूरी–ए–जा ढूँढ़ते हैं
और दिल के फ़ास्ले भी बढ़ गए हैं
सिर्फ़ टेलीफ़ून ही वाहिद ताअल्लुक़ रह गया है

एक दिन शाम आएगी उनके लिए भी
जब वो खिड़की के इधर बैठेंगे ढलती रौशनी में
उनके बच्चे भी बड़े हो कर कहीं पर जा बसेंगे
और जब टीवी से वो पीराना–साल आँखें थकेंगी
उनके दिल में एक नामालूम टेलीफून की घंटी बजेगी
और वो बजती रहेगी

दस–पन्द्रह साल पहले यूनिवर्सिटी से रिटाएर हो कर मुनीब–उर–रहमान Michigan के एक छोटे से, मगर बहुत सुन्दर शहर, Ann Arbor में आ कर एक अच्छे बड़े घर में बस गए। अब इस छह–सात कमरों के दोमंज़िला घर में अकेले रहते हैं। नेत्र हीन लोगों की सफ़ेद छड़ी लेकर खुद सौदा लेने बाज़ार जाते हैं। अपना खाना खुद पकाते हैं। किताबें पढ़ तो नहीं सकते मगर talking books पर सुनते ज़रूर हैं। आँखें जाने के बाद पहले तो डिकटाफ़ोन पर नज़्में रिकार्ड करते थे, अब अंदाज़े से लिखने लगे

---

20 Poem No. 53 with translation on Page 154.

हैं। मुझे इस बात की खुशी है कि इतनी कठिनाइयों के बाद भी उनकी sense of humour कम नहीं हुई है। कुछ दिन पहले Thousand and one nights सुन कर उन्होंने शह्रज़ाद की एक हास्य कहानी पर एक नज़्म "बुल–हसन की शादी"[21] लिखी। आप भी पढ़िए और लुत्फ़ लीजिए।

मैंने ये वाक़ेया सुना था कभी
अब भी जब उसको याद करता हूँ
आज के ख़न्दाकुश ज़माने में
उस की शोख़ी से लुत्फ़ लेता हूँ
और रंगीनी–ए–तख़ईयुल पर
वाक़ेया–गो को दाद देता हूँ

था वो दिन बुल–हसन की शादी का
भीड़ इकट्ठी थी ख़ैरख़ाहों की
नाच–गाना था शादयाने थे
अच्छे–अच्छे लज़ीज़ खाने थे
लोग खा–पी के जब हुए फ़ारिग़
और खुशगप्पियों का दौर चला
इत्तेफ़ाक़न ये हाद्सा गुज़रा
बुल–हसन की रियाह छूट गई
सब ने उसकी सदा सुनी, लेकिन
मेज़बाँ का लिहाज़ रखते हुए
बेनियाज़ी का ढोंग साध लिया
और बातों की धुन में महव रहे
बुल–हसन का मगर ये हाल हुआ
शर्म की कोई इन्तहा न रही
गड़ गया ख़िफ़्फ़त–ओ–निदामत से
कुछ न सूझा सिवाए रूपोशी

---

21 See Poem No. 74 translated on Page 204.

एक दम छोड़–छाड़ कर हर चीज़
उसने तर्क–ए–वतन कुबूल किया
दस बरस तक वो जाबजा घूमा
ख़ाक छानी पराये मुल्कों की
आख़िर इक दिन वो फिर वतन लौटा
सोचता था वो रोज़–ए–नामसऊद
लोग अब तक भुला चुके होंगे
इक गली से गुज़र रहा था वो
देखा जाते हैं एक माँ–बेटी
माँ से बच्ची ने दफ़अतन पूछा
माँ मेरा कौन सा जनम दिन है
मैं निकलवाऊँगी शुगून
माँ ने सुन कर कहा कि ऐ बेटी
तू ने उस रात आँख खोली थी
अपनी शादी के जश्न में जिस रात
बुल–हसन ने रियाह छोड़ी थी

जब सुने बुल–हसन ने ये अल्फ़ाज़
दर्द–ओ–ग़म से दिल उसका भर आया
उसने आजुर्दा हाल हो के कहा
आह ऐ बुल–हसन रियाह तिरी
बन गई एक योम–ए–तारीख़ी
जो ज़माने में यादगार रहे

मुनीब–उर–रहमान का अवलोकन बहुत तेज़ है। सामने की चीज़ों में भी उनको ऐसे संदेश दिखाई देते हैं जो औरों को दिखाई नहीं देते। नज़्म “आइना” की बात ऊपर हो चुकी है। आइना किसने न देखा होगा, मगर कितनों को उसने ये याद दिलाया होगा किः

सब ने देखा मुझे मगर मैं ही
अपनी सूरत कभी न देख सका

तुम फूलों की बात कहो

इसी तरह "बर्फ़ का आदमी" भी उत्तरी अमरीका के ठंडे इलाक़ों में रहने वालों के जीवन का एक मामूली हिस्सा है, फिर भी किसे ख़याल आया होगा कि बर्फ़ का आदमी यह चाहता है कि जाड़ा जल्द ख़त्म हो ताकि उसको इस जीवन से छुटकारा मिले जिस पर न उसका बस चलता है और न उस से कोई प्रसन्नता मिलती है।

बर्फ़ गिरती है और बच्चों ने
बर्फ़ का आदमी बनाया है
हो गया है सफ़ेद हर मंज़र
हर तरफ़ इक सुकूत छाया है

वो अकेला खड़ा है मैदाँ में
ग़ैरमानूस, अज्नबी, गुमनाम
उसकी आँखें फ़ज़ा में तकती हैं
बेनवाई है उस का तर्ज़–ए–कलाम

एक जिन्स–ए–फुज़ूल उस का वुजूद
ज़िन्दगी उस की बाज़ी–ए तिफ़्लाँ
बेतुका सा लिबास पहने हुए
सब की ख़ातिर मज़ाक़ का सामाँ

सर्दि–ए–रोज़गार ख़ू उसकी
आई बाद–ए–शिमाल रास उसे
शल हुई रूह उसकी जाड़े से
जैसे जाती रही हो आस उसे

फिर भी उसको ख़याल आता है
काश अब ये समाँ बदल जाए
उस पे खुरशीद की निगाह पड़े

और उसका बदन पिघल जाए[22]

मुझे ख़ुशी है कि शह्रयार और महताब हैदर नक़वी की कोशिशों से मुनीब–उर–रहमान की नज़्मों का संकलन उन लोगों तक पहुँच रहा है जो उर्दू लिपि नहीं जानते। इस किताब को मैंने ही टाइप किया है, मगर मैं हिन्दी मामूली जनता हूँ। महताब हैदर नक़वी ने इस किताब की हिन्दी को बहुत ग़ौर से देखा है और बहुत मशवरे भी दिये हैं। हो सकता है कि उनके सब मशवरों पर अमल न हुआ हो। अगर ग़लतियाँ रह गई हों तो उनका ज़िम्मेदार सिर्फ़ मैं हूँ।

इस किताब में अस्ल नज़्मों के अलावा उनके अंग्रेज़ी अनुवाद भी हैं। इनमें से 11 अनुवाद मैंने Kathleen Grant Jaeger के साथ मिल कर An Anthology of Modern Urdu Poetry[23] के लिए किए थे; कोई बीस–बाईस नज़्मों के अनुवाद मैंने Leslie Lavigne और मुनीब–उर–रहमान के साथ मिल कर किए थे, जो The Annual of Urdu Studies में 2003 में छपे थे[24]। इस मैगज़ीन के एडिटर मोहम्मद उमर मैमन का शुक्रगुज़ार हूँ कि उन्होंने ये अनुवाद इस किताब में शामिल करने की अनुमति दी। बाक़ी नज़्मों के अनुवाद सिर्फ़ मेरे हैं।

चलते–चलते मुनीब–उर–रहमान की शायरी के बारे में शह्रयार और मुग़नी तबस्सुम की राय लिखता हूँ जो मेरे ख़याल में मुनीब–उर–रहमान की शायरी का बहुत अच्छा परिचय कम से कम शब्दों में करती है।

---

22 Poem No. 48 with translation on Page 145.

23 Educational Publishing House, Delhi, 1984.

24 The Annual of Urdu Studies, 2003, University of Wisconsin-Madison, USA, No. 18, Part 2, pp. 458-473.

मुनीब–उर–रहमान की शायरी एक पुरअस्रार जज़ीरा है। इस जज़ीरे की सैर की तौफ़ीक़ कम लोगों को हुई है। जिन्होंने सैर की, जो इसके मनाज़िर से सैरयाब हुए और जिन पर इनके भेद मुनकशिफ़ हुए उन्होंने बहुत कम किसी को इसका अता–पता बताया।

बेदार बख़्त
टोरोन्टो
29 मार्च 2011

'बाज़दीद' से

(1939–1965)

1 सितारा

सितारा आसमाँ से टूट कर सू–ए–ज़मीं आया
वतन को छोड़ कर अह्ल–ए–फ़लक का हमनशीं आया
उसे बेताबि–ए–दिल बेमुहाबा खेंच लाई थी
जहान–ए–रंग–ओ बू की हर अदा में दिलरुबाई थी
वह आज़ुर्दा रहा करता था उस ख़ामोश बस्ती से
उसे ख़ुद आर सी आने लगी थी अपनी हस्ती से
फ़लक उस की निगाहों में सरासर तंग दामाँ था
वह उतरा और फ़ज़ा की वसअतों में खो गया आख़िर
ख़ामोशी से ज़मीं की शोरिशों में खो गया आख़िर

1. The Comet

Leaving the sky behind,
The comet came down to the earth;
The playmate of the residents of the sky
Deserted his own to come here.
The restlessness of his heart
Pulled him to the earth fearlessly;
Everything in the world of colour and fragrance
Tugged at his heart.
He was sad in his quiet old world;
He was ashamed of his own life.
He saw the sky to be too small for him;
He beheld the wondorous life- and light-filled earth,
And, at last, he came down
To be lost in the vast expanse of the earth.
At last, he slept quietly
In the tumult of the earth.

2 दावत

खड़ा हूँ मैं समन्दर के किनारे आज फिर तन्हा
कसी पल डूबने वाला है सूरज, शाम आई है
थकीमाँदा सदाएँ हो गई हैं नींद से बोझल
गुज़रते दिन की मद्धम रौशनी मौजों पे छाई है

मछेरों ने समेटे जाल अपने रेग–ए–साहिल पर
हुई ख़ामोश अब बगलों की आवाज़ें हवाओं में
खड़ी हैं किश्तियाँ ख़ाली, सिधारे उनके रखवाले
नहीं उठता किसी मल्लाह का नग़्मा फ़ज़ाओं में

इशारे कर रहा है कोई मुझको उनके पीछे से
शफ़क़ के सुर्ख़ पर्दे आसमाँ पर थरथराते हैं
मुझे जाने दो, आ पहुँचा है अब वक़्त–ए–सफ़र मेरा
मेरे बिछड़े हुए साथी मुझे शायद बुलाते हैं

2. Invitation

Again, I stand alone on the seashore.
The evening has arrived,
the sun is about to set;
Tired and exhausted voices
are heavy with sleep;
The fading light of the passing day
spreads over the waves.

The fishermen have gathered their nets
on the shore-sand;
The cries of the seagulls
are stilled in the air;
The boats lie empty,
the ferrymen have left;
The air no longer resounds
with the songs of the boatmen.

Someone beckons me from beyond
The red curtains of the dusk
flutters in the sky;
Let me go, the time has come
for my journey:
Perhaps, my departed friends call me.

3 अन्देशा

ज़िन्दगी इक तिलिस्म–ए–वह्म–ओ–ख़याल
कौन आता है कौन जाता है
दूर ही से इशारे होते हैं
आओ फिर एक बार आ जाओ
ग़ाज़–ए–रुख़ उतर न जाए कहीं
साअतों के वरक़ पलटते हैं
आज तारीकी–ए–शब–ए–फ़र्दा
मेरे आरिज़ पे छाई जाती है

3. Apprehension

Life is trick of the mind, an illusion.
No one ever arrives, or departs.
Across the chasm, we gesture.
Come, come to see me once more
Before the glow of cheeks dims.
Time is flying by;
Today, tomorrow's darkness
Is already shrouding my face.

4 क़ब्रें

मैंने सोचा था कि इक रोज़ मेरा जिस्म–ए–नज़ार
इन्क़िलाबात के रंगों से निखर जाएगा
और जिस शम्अ को ग़ैरों ने बुझा डाला था
अपने ऐवान–ए शिकस्ता में करूँगा रौशन
आह लेकिन मेरा इमरोज़, मेरा मुस्तक़बिल
चंद टूटी हुई क़ब्रों के सिवा कुछ भी नहीं

4. Graves

I believed that one day,
my frail and pale body
Will glow with the colours
of the revolution.
And the lamp, snuffed by my foes,
Will light up my broken palace.
Alas, my present and future
Are nothing
but a few broken graves.

5 तजाहुल

नागहाँ उससे मुलाक़ात हुई
लोग आते हैं चले जाते हैं
झिलमिलाते हुए रंगीं मलबूस
फ़र्श–ए–मरमर पे घिसटते हुए, बहते हुए, लहराते हुए
निकहत–ओ–नूर का इक सैल–ए–रवाँ
सीमगूँ शानों पे बिखरी हुई ज़ुल्फ़ों में महक
तमतमाते हुए गुलनार से होंटों में महक
गर्म साँसों में महक
और मैं ज़ीस्त के हंगामों से उकताया हुआ
बैठा रहता हूँ किसी गोशे में
कोहनियाँ मेज़ पे टेके हुए ख़ामोश, मलूल
जब थिरकते हुए नग़मात के ज़ीर–ओ बम पर
ओस पड़ जाती है धीरे–धीरे
मेरा एहसास किसी हमदम–ए–दैरीना को
ढूँढ़ते–ढूँढ़ते सो जाता है

नागहाँ उससे मुलाक़ात हुई
मैं तो पहली ही नज़र में उसे पहचान गया
वही हिलते हुए गेसू उसके
वही भीगी हुई आँखों में गुलाबी डोरे
वही रफ़्तार में ख़ामोश मतानत का गुरूर
–– किसको मालूम था हम अजनबी हो जाएँगे
साथ जिस दिन से हमारा छूटा
तुमने भूले से ना पूछा मुझको
जाने क्यों हम में रिफ़ाक़त न बढ़ी
ज़िन्दगी यूँ भी ब–हर तौर गुज़र ही जाती
इस क़दर बार न होती लेकिन

5. Pretence

I ran into her quite unexpectedly.
People come and go.
Shimmering colourful robes
Glide, slide, flutter on the marble floor;
A deluge of light and fragrance;
The fragrance of hair flows on silvery shoulders;
The fragrance of flushing red lips;
The fragrance of warm breath.
Weary of the tumult of life,
I sit quiet and sad in a corner,
Resting my elbows on the table.
When the frenzy of music
Ebbs slowly,
My feelings go to sleep
Looking for an old friend.

I ran into her quite unexpectedly,
But I recognized her at first sight:
The same flowing hair,
The same mild redness in her moist eyes,
The same haughtiness of quiet dignity
in her gait.
Who knew we'd become strangers one day?
Ever since we parted,
You never asked about me even casually.
I wonder why our friendship did not grow.
Of course, life would have passed anyways,
But it wouldn't have become such a burden.

ख़ैर मेरे लिए ये बात कुछ अनजान नहीं
मैं तो तन्हाई का आदी हूँ, ये शबहा–ए–दराज़
मेरी ख़िल्वत को पुरअसरार बना देती हैं
और मैं देखता रहता हूँ वो मुब्हम नग़मे
साये बन–बन के फ़ज़ाओं में जो थर्राते हैं
मैं यहाँ बैठा हुआ बुनता रहूँगा पैहम
इन ही नग़मात के ताने–बाने

जब मैं जाने के लिए उठता हूँ
तो उन आँखों का फ़ुसूँ
मेरे पैरों को जकड़ देता है
एक बेनाम हँसी
उसके होंटों पे लरज़ जाती है
जैसे कहता हो तजाहुल उसका
हाँ तुम्हें मुझसे मोहब्बत तो नहीं हो सकती

आह कब तक मैं यहाँ बैठा रहूँगा यूँ ही
कोहनियाँ मेज़ पे टेके हुए ख़ामोश, मलूल
रात ढलने लगी हंगामे सियाहपोश हुए
अब यहाँ कोई नहीं
यहाँ वीरानी ही वीरानी है

Anyhow, I am used to it now.
I am used to my loneliness;
These long nights make my solitude
Even more mysterious.
I keep staring at those vague melodies
That tremble in the air like shadows.
Sitting here forever,
I shall keep weaving the threads of these songs.

When I rise to leave,
The spell of her eyes
Binds my feet.
A nameless smile quivers on her lips,
As if she is saying in feigned ignorance:
Surely, you can't be in love with me.

For how long will I sit here,
Sad, quiet, elbows resting on the table?
The night begins to pass,
The tumult wraps itself in mourning black.
There is no one here now,
Except desolation.

6 तग़इयुर

1
किसको उम्मीद थी हम इतना बदल जाएँगे
सिर्फ़ पैंतीस बरस
और ये ज़िन्दगी बेसूद, सरासर बेकार
सुबह होती है, ज़रा देर में ढल जाती है
रात आती है, चली जाती है
और हम ज़ह्न के वीरानों में
ढूँढते रहते हैं उन खोए हुए लम्हों को
जों दबे पाँव गुज़र जाते हैं

तीरगी नर्म फ़ज़ाओं में ढलक आई है
ये फ़लकबोस मकाँ
थरथराएँगे, सुकड़ जाएँगे, मिट जाएँगे
और हर रहरव–ए–दरमाँदा के क़दमों की सदा
इन लचकती हुई दीवारों से टकराएगी
फिर हमें रात गए
नींद आएँगी तो सो जाएँगे

6. Change

(1)
No one knew, we'd change so much.
Only thirty five years
Of this worthless, useless life:
The morning comes and fades away quickly,
The night comes and goes,
And in the desolations of our minds,
We keep searching for those lost moments
Which have passed by with stealth.

Darkness has descended into the soft air.
These sky-scaping buildings
Will tremble, shrink and disappear,
And the sound of the footsteps
        of every tired traveler
Will bounce off their flexible walls.
Then, late at night
We'll sleep when the sleep takes over.

2

तुमने सोई हुई आँखों को हथेली से मला
तुमने भीगे हुए रुख़सार को छू कर देखा
तुमने उलझे हुए बालों की लटें सीधी कीं
और फिर छत से लगाए हुए आँखें अपनी
जाने किस सोच में तुम लेटी रहीं
शह्र जाग उट्ठा था
हर तरफ़ गर्द–ओ–गुबार
हर तरफ़ ज़र्द धुआँ
करवटें लेता हुआ
तुमने खिड़की से गली को देखा
ज़िन्दगी ख़्वाब के बनवास से लौट आई थी
खुले जाते थे मकानों के किवाड़
फिर अचानक किसी ताँगे के गुज़रने की सदा
आह इन सन्दली हाथों से ज़रा
अपने ही जिस्म को छू कर देखो
उसमें वो रात की शादाबी–ए–नमनाक कहाँ
हुज्ला–ए–नाज़ से बाहर आओ
वक़्त रह–रह के बुलाता है हमें

(2)

You rubbed your drowsy eyes
        with your palms;
You felt your moist cheeks;
You untangled tresses
        of you disheveled hair,
And then fixing your gaze on the ceiling,
Were lost in thought.
The city was waking up:
Dust swirling in the air,
A yellow smoke everywhere,
Also trying to wake up.
From the window,
        you peered into the lane.
The life had returned
        from the exile of dreams,
Front doors of the houses
        were opening up,
And then the sudden sound
        of a tonga passing by.
Try to touch your own body
With your sandal hands,
And see where lies hidden
The moist happiness of the night.
Come out from the boudoir of your charm.
The time keeps calling us.

7 मुलाक़ातें

जब चाँदनी रातों का महकता हुआ जोबन
तहलील हुआ करता था ख़ामोश फ़ज़ा में
हम मिलते थे अक्सर

हम मिलते हैं अक्सर
मस्ती भरी रातों का समाँ अब भी वही है
आँखों में तुम्हारी
कैफ़ियत–ए–असरार–ए–निहाँ अब भी वही है
और तुम भी वही हो
रह–रह के मगर क्यों ये ख़याल आता है मुझको
क्या मैं भी वही हूँ

7. Rendezvous

When the bloom of moonlit nights
Blended with the fragrance of spring air,
We often used to meet.

We still meet often.
Nights are still romantic, enchanting.
Your eyes are still
Full of nameless mysteries.
You are still the same.
But often I wonder, I don't know why,
Whether that's true of me.

8 एक रात

ज़िन्दगी इक ख़ला–ए–लामहद्‌दूद
दूर तक इक अमीक़ तन्हाई
आह हम किस क़दर फ़सुर्दा थे

तुमने यूँ जैसे बेख़याली में
नागहाँ मेरा हाथ थाम लिया
और फिर ज़िन्दगी में पहली बार
तुमने उस रोज़ मेरा नाम लिया

नींद में डूबी आहटों के साथ
सूखे–सूखे से ज़र्द–रू पत्ते
हौले–हौले ज़मीं पे गिरते थे

आह हम किस क़दर फ़सुर्दा थे

8. One Night

Life, a boundless vacuum;
Intense loneliness
        stretched far and wide:
How sad were we both!

Without thinking,
You suddenly held my hand,
And then for the first time,
You called me by my name.

Along with drowsy footsteps,
Dry and yellow leaves
Fell to the ground softly.

How sad were we both!

9 खँडहर

सर निगूँ हो गई हैं दीवारें
और वीराँ हैं गुम्बद–ओ–मेहराब
हर क़दम ख़ाक–ए–आस्ताँ पे मगर
इक नया नक़्श छोड़ जाता है
आज भी ये ख़राबा–ए–हस्ती
ज़ाएरीन–ए–जहाँ का मरकज़ है
इसके टूटे हुए दर–ओ–दीवार
दावत–ए–ग़ौर–ओ–फ़िक्र देते हैं
देख कर इस खँडहर की वीरानी
कोई सम्याह दिल में सोचेगा
किसके माज़ी की यादगार है ये
जिसको तहज़ीब–ए–अस्र के मेमार
ख़ाक का ढेर करं के छोड़ गए

9. The ruin

The walls are razed,
The arches and domes stand deserted;
Yet every step leaves a fresh mark
On the dust covered floor.
Even today, this ruin of life
Invites thought and reflection.
The pilgrims of the world,
Will come here one day, and wonder:
This is some monument of the past,
That the builders of civilization
Left as rubble.

10 समन्दर

न जाने मैं कितनी देर तकता रहा ख़ला में
मेरी निगाहों के सामने नीलगूं समन्दर की वुसअतें
        यूँ बिछी हुई हैं
खुली हो कोई किताब जैसे
और उस पे मौजों ने कुछ हसीं नुकूश
        गोया बना दिये हों
मैं उनसे कहता रहा खुदारा बताओ
        अपनी ज़बाँ में तुमने
                ये क्या फ़साना सा लिख दिया है
मैं उनसे पैहम सवाल करता रहा,
        मगर उनकी बेनियाज़ी को
        बात करने का वक़्त कब था

ये कुल्जुम–ए–बेकराँ, ये मौजें
ये वक़्त का धीरे–धीरे आग़ोश–ए–नेस्ती में सिमटते जाना
मैं हर घड़ी दूर होता जाता हूँ अपनी दुनिया–ए आरजू से
बताए कोई मुझे इलाही ये बंद–ए–क़ैद–ओ–मकान क्या है
मैं उक़दा–ए–शर्ब–ओ–मग़रिब की उलझनों में
        कब तक फँसा रहूँगा
दिलों पे कब तक पड़ा रहेगा
        ये पर्दा–ए रंग–ओ–नस्ल–ओ मज़हब

कहाँ हो तुम ख़शमगीं, तलातुम ब–दोश मौजो
कहाँ हो तुम राज़दार–ए–मर्ग–ओ–हयात,
        आशुफ़ता सर, तलातुम ब–दोश मौजो
उठो और इस ख़ाकदान–ए–तीरा को अपनी आग़ोश में छुपा लो
कि चश्म–ए–आदम फिर एक तूफ़ान–ए–नूह की मुनतज़िर है
–शायद

10. The Sea

Why do I keep looking out to the sea?
The vast blue ocean lies before me
Like an open book;
The waves make pretty patterns on it.
I keep asking:
For God's sake, tell me what story
you have written in your language.
I ask and ask,
But indifferent, they have no time to talk.

The boundless ocean, these waves,
And time forever slipping gently
into the lap of nothingness;
Every moment I drift farther
from my land of desire.
Someone tell me why
I am a captive in space.
Tell me for how long,
Will I remain tangled in this puzzle of east and west;
For how long,
The shroud of race and colour will obscure our hearts?

Where are you,
You raging, storm-laden waves?
Where are you,
You sphinxes, holding the secret of life,
You storm-freighted waves?
Rise now,
And engulf this dark planet that lies in your lap;
Perhaps, the eyes of man wait for another Deluge.

11 आँधी

देख इन मस्त हवाओं का ख़िराम–ए–रंगीं
कैसी बिफरी हुई फिरती हैं ये इठलाई हुई
इनकी रफ़्तार में इक लोच है, इक जादू है

हाँ यही आलम–ए–वहशत में कभी
पाबरैहना सर–ए–बाज़ार निकल आएँगी
सब्ज़ाज़ारों पे, कोहिस्तानों पे, वीरानों पे मंडलाएँगी
गालियाँ देती हुई, चीख़ती चिल्लाती हुई
जगमगाते हुए ऐवानों में घुस जाएँगी
जगमगाते हुए ऐवानों की गुलपोश फ़ज़ा
गर्द से अट जाएँगी
शमें बुझ जाएँगी, फिर सीना–ए–तारीकी से
एक दिलदोज़ सदा आएँगी
ऐ खुदावन्दा तिरी रहमते–ए–नापैद कनार
आन की आन में इक क़ह्र भी बन सकती है

और ये हँसती हुई दूर निकल जाएँगी
ज़ंग आलूद सियह फ़ाम कोहिस्तानों से टकराएँगी

11. The tempest

See how the wanton breeze strolls by,
Joyful, flirtatious,
Blushing to find it observed.
Its movement has a suppleness,
          a charm of melody.
But one day, crazed and raging,
It will come out bare-foot,
And hang over meadows, mountains, deserts,
Swearing, shouting, raising hell.
It will rush into halls dazzling with light,
And smother every shining thing with dust.
The lamps will be blown out,
And from the heart of darkness
A piercing cry will emerge.
O God, your boundless mercy
Can turn to wrath within an instant.
And laughing, they will seek a far-off land,
Striking against dark and dreadful mountains.

12 दास्ताँ

आज तेरी निगाह में
जागेंगे कितने रतजगे
गुज़रेंगी कितनी साअतें
बार–ए–गराँ लिये हुए
दिल में रहेगी कशमकश
चैन न आएगा तुझे
काश कभी सहर न हो
सोचेगी तू ये पै–ब–पै
महकेंगे ये गुल–ओ समन
टपकेगा इन लबों से रस
साँस चलेगी तेज़–तेज़

फड़केगी एक–एक नस
कहना न फिरः चलो–हटो
तुम भी हो कितने बुल–हवस

डूब चली हैं आहटें
कोई न आएगा यहाँ
सोए रहेंगे बाम–ओ–दर
बन्द रहेंगी खिड़कियाँ
उट्ठेगी चश्म–ए–नीम–वा
ढूँढ़ेगी कोई राज़दाँ
आएगी फिर तुझे हँसी
फूट पड़ेंगे गुलसिताँ
रात गुज़र ही जाएगी
ख़त्म न होगी दासताँ

12. A Tale

Many a nightly vigil
Will wake up in your eyes.
Many a moment will pass
Each carrying a heavy burden.
A thought will nag,
You will never find peace.
You'll wish constantly:
Let the dawn never come.

These flowers will perfume;
These lips will drip with nectar;
The breaths will become heavy;
Every muscle will vibrate.
Don't say it again:
Get away from me!
How lustful are you?

The footsteps are fading.
No one will come here.
Door and walls will keep sleeping;
The windows will remain shut.
The half-closed eyes will rise
Searching for someone to share their secrets.
You will bust into laughter again.
Rose-gardens will materialize.
The night will pass somehow,
But the tale will never end.

13 लन्दन में पहली बर्फ़बारी

बर्फ़ की नर्म चादर में दुबका हुआ
ऊँघता है ये शब–ज़िन्दा दारों का शह्र
लोग सब जा चुके
चाय की प्यालियाँ
और ख़ाली गिलास
और गुलदान में फूल सूखे हुए
लोग सब जा चुके
अब हमारे सिवा इस ख़राबे में कोई नहीं

आओ बातें करें
आज जो कुछ हुआ
क़ल के मौसम का हाल
रोज़नामों की हंगामा–परदाज़ियाँ
"एक लड़की का क़त्ल
लाश जंगल में पाई गई"
"दिन दहाड़े पिकेडली में डाकाज़नी
चोर इक जोहरी की दुकाँ से
हज़ारों का ज़ेवर उठा ले गए"
"इक डचेस की तलाक़"
"एक मज़दूर की डूब कर खुदकुशी"
किस क़दर कोफ़्त है

13. The First Snowfall in London

Huddled under the soft blanket of snow,
Doses this city of nightfolks.
Everyone has left.
On the table lie
Teacups
And empty glasses
And wilted flowers in a vase.
Everyone has left.
Now there's no one
Except us in this desolation.

Let's talk
Of the day's happenings.
Weather forecast for tomorrow;
Sensational report of daily papers:
Murder of a girl,
Corpse found in woods;
Daylight robbery in Piccadilly,
Robbers ransack jewelry store,
Thousands lost;
Duchess divorces;
Worker drowns himself.
What boredom.

देखो बिल्ली ने ली नींद में झुरझुरी
फ़र्श पर अपने पंजे रगड़ने लगी
हम सताएँ उसे और वो नोचे हमें
इस घड़ी उसको इतना भी यारा नहीं
उसकी आँखों में है कितनी बेचारगी
तक रही है कि कोई उठा ले उसे

दिन ढले तक हवा तेज़ चलती रही
उसके झोंकों से पट खड़खड़ाते रहे
पेड़ हिलते रहे
लोग दीवार की आड़ लेते हुए
रास्ते के किनारे गुज़रते रहे
और अब कोई आहट नहीं
सरसराहट नहीं
बर्फ़ की तह से हर घर की छत ढक गई
बत्तियाँ रहगुज़ारों की धुँधला गईं
और चारों तरफ़ सिर्फ़ परछाइयाँ रह गईं
हम भी अब इस ख़राबे के साए बने
जैसे अपने लिए खुद पराये बने

Look, the cat quivers in her sleep
Rubbing her paws on the floor.
Teased,
She has no desire to snap back.
What helplessness lurks in her eyes.
She looks begging to be picked up.

The wind kept blowing throughout the day,
Rattling window shutters,
Swaying trees.
People walk close to the walls.
There's no sound of footsteps.
Not even a rustle.
The housetops
Are covered with snow.
The street lamps become dim.
Only shadows remain.
We too have become
A shadow in this wilderness,
A stranger to ourselves.

14 इब्तिदा इन्तहा

रात की दास्ताँ तमाम हुई
जिस्म हंगामाहा–ए–शब से निढाल
दिल को तकमील–ए–आरज़ू का मलाल
ज़ह्न में एक मलगुजा सा ख़याल

कौन जाने ग़मों का राज़–ए–निहाँ
इब्तिदा क्या थी इन्तहा क्या है
जब यही है माआल–ए–सोज़–ए–दुरूं
ज़िन्दगी को फिर आसरा क्या है

एक अन्दाज़–ए–दिलरुबाई से
तुमने पलकों को जब उठाया था
उस घड़ी क्यों मुझे ख़ुदा जाने
अपनी ज़ुल्मत पे रोना आया था

गर्मि–ए–लब, तमाज़त–ए–रुख़सार
और आँखों की जलवासामानी
हैं हज़ारों बहाने जीने के
आह लेकिन ये दिल की वीरानी

14. The beginning the end

The tale of the night is over;
The body is exhausted with the tumults of the night;
The heart is sad at the fulfillment of desire;
The mind is clouded with a thought.

Who knows the hidden secrets of grief?
What was the beginning, what will be the end?
If this is the reward of the vexation of my heart,
Then what can life count on?

When you lifted your eyelashes
With a bewitching style,
God alone knows
Why I cried over my darkness.

The warmth of lips, the glow of cheeks,
And the splendour of your eyes:
There are many excuses for living,
Ah, but the desolation of my heart!

15 चाँद बोला ...

चाँद बोलाः अभी तक वो आई नहीं
रात ढलने लगी रास्ते सो गए
शह्र के हमहमे ख्वाब में खो गए
और फुटपाथ पर
एक बेआसरा लैम्प की रौशनी
दायरा सा बनाती रही
टिमटिमाती रही
और सब ज़िन्दादिल अपने घर जा चुके
दिल को बहला चुके

चाँद बोलाः ये परछाई जो आ रही है कहीं वो न हो
उसकी रफ़्तार में बेक़रारी का अन्दाज़ है
उठ रहे हैं इसी सिम्त उसके क़दम
ये सदा उसके क़दमों की आवाज़ है
देखना अब किसी पल भी घंटी बजी
और वो आ गई

चाँद बोलाः घड़ी में सवा बज चुका
अब न आएँगी वो
उसके वादे का आख़िर भरोसा ही क्या
बारहा उसने पहले भी धोखा दिया
वो तो जो कुछ करे उसकी हक़दार है
हाँ मगर तेरे दिल को जो आज़ार है
उसका दुनिया में कोई मुदावा नहीं
कोई चारा नहीं

15. And the Moon Said …

The moon said: she hasn't come yet.
The night keeps passing,
pathways have gone to sleep;
Tumults of the day are lost in sleep;
And the light of a lonely streetlamp
Keeps making circles
On the footpath,
Keeps flickering.
The lively souls, after the merriment,
Have all gone home.

The moon said:
Could this shadow coming this way be her?
There is restlessness
In her gait.
Her steps are coming towards here.
It is the sound of her footsteps.
Just wait, any moment the bell will ring
And she'll be here.

The moon said: it's quarter past one.
She will not come now.
Her promises can't be relied upon.
She has stood you up many times before.
She has a right to do whatever she wishes,
But the hurt of your heart has no balm,
No remedy.

16 इज़हार

अब तेरे जिस्म से उठती हुई खुशबू की लपट
मेरे एहसास पे आवेज़ाँ है
गर्म है कमरे की ख़ामोश फ़ज़ा
तेरे आरिज़ पे पसीने की नमी
ज़ह्न में लाती है बरसात की पहली रातें
नीम सिगरट तिरे पोरों में दबी
सुरख़ी–ए–लब ने निशाँ छोड़ दिया है जिस पर
कह रही है कि हक़ीक़त है फ़क़त दूद–ए–रवाँ
तू भी ख़ामोश है मैं भी चुप हूँ
और हम दोनों यही सोच रहे हैं दिल में
काश मिन्नत–कश–ए–इज़हार न होना पड़ता

16. Expression

The breath of fragrance rising from your body
Imprints itself on my senses.
The air in the room is warm.
Drops of perspiration on your cheeks
Recall the first nights of the rainy season.
The half cigarette between your fingers,
Lipstick-stained, is saying:
The reality is nothing but the flowing smoke.
You are silent, so am I,
Both of us are wishing:
If only we didn't need to seek ways
To express ourselves.

17 नौहगर

तजल्लियात–ए–सहर के हम लोग नौहागर हैं
तजल्लियात–ए–सहर जो तारीकियों में तहलील हो चुकी हैं
हमारी वीरान सरज़मीं में सुकूत–ए–शब है न दिन की शोरिश
फ़क़त ये तारीकियाँ हैं जैसे किसी की बीती हुई जवानी
दयार–ए–ज़ुल्मत में रहते–रहते हमारी आँखों का नूर जाता रहा है, लेकिन
तजल्लियात–ए–सहर के हम लोग नौहागर हैं

हम अपने बच्चों को दर्स देते हैं आफ़ियत का
हम उनसे कहते हैं जाओ सो जाओ, मौत ही अस्ल–ए–ज़िन्दगी है
ये लानतें कुर्ब–ए–आख़िरत की निशानियाँ हैं
हमारा आग़ाज़ एक ख़्वाब–ए–गुरेज़पा था
निगाह–ओ–दिल बैह्रायाब हैं जिसकी ज़ुल्मतों से
निगाह–ओ–दिल जिसकी ज़ुल्मतों में पड़े हुए हैं
निगाह–ओ–दिल जिसकी ज़ुल्मतों से कभी भी बाहर न आ सकेंगे

अभी तो नागुफ़ता हैं सुख़नहा–ए–गुफ़्तनी भी
अभी तो अपनी नमूद भी बेनमूद है और निशान–ए–हस्ती भी बेनिशाँ है
सदाएँ वीराना–ए–तसव्वुर में गूँजती हैं
हुरूफ़ नोक–ए–क़लम पे हर लहज़ा नाचते हैं
निगाहें ख़िल्वत–गह–ए–मशीयत में बार पाने को मुज़तरिब हैं
इलाही हम तेरे हुक्म के मुन्तज़िर है अब तक

17. Mourners

We are the mourners of the light of dawn:
The light that has melted into darkness.
Our desolate land has neither the stillness of the night
Nor the clamour of the day.
There is only darkness like spent youth.
Living in the realm of darkness,
The sight has gone from our eyes.
Still we are the mourners of the light of dawn.

We teach our children that it is good to live safely.
We tell them:
Go and sleep; in death is the true essence of life.
These curses are the signs of the end of the world.
Our beginning was an elusive dream.
Our sight and soul are blessed with its darkness.
Our sight and soul live in its darkness.
Our sight and soul will never come out of its darkness.

Still unspoken are the words which need to be said.
The proof of our being is still unmanifest,
Even the signs of our life are still hidden.
Voices resound in the wilderness of imagination.
Words constantly dance on the tip of the pen.
Eyes yearn for admission to the sanctuary of divine will.
God, we still await your command.

18 सानेहा

(गाँधीजी की मृत्यु पर[25])

चार सू दर्द का आलम है जहाँ भी देखो
हर गली–कूचे में मातम है जहाँ भी देखो
आज वो सानेहा गुज़रा है कि हर दिल है उदास
अन्जुमन रूह की बरहम है जहाँ भी देखो
आई है बाद–ए–सबा अश्कों का पैग़ाम लिये
आह–ओ–फ़रयाद का मौसम है जहाँ भी देखो
नागहाँ छा गए हर सिम्त धुएँ के बादल
ख़ूँ फ़िशाँ दीदा–ए–शबनम है जहाँ भी देखो
कौन है जिस के तईं हाल–ए–दिल–ए–ज़ार कहें
किस क़दर सख़्त शब–ए–ग़म है जहाँ भी देखो
दे गया अहल–ए–मोहब्बत को कोई दाग़–ए–फ़िराक़
आँख हर शख़्स की पुरनम है जहाँ भी देखो
कौन हिन्दू है यहाँ कौन मुसलमाँ है यहाँ
सिर्फ़ रुसवाई–ए–आदम है जहाँ भी देखो

---

25 Mohandas Karamchand Gandhi, born in 1869, was assassinated in New Delhi on January 30, 1948

18. Wherever you look

(On the death of Mahatma Gandhi)

Grief rules the four directions, wherever you look.
There's wailing in the streets, wherever you look.
So great is today's calamity that every heart is sad.
Every soul is in chaos, wherever you look.
At dawn, the breeze comes with the message of tears.
It's the season of mourning, wherever you look.
Suddenly, clouds of smoke spread everywhere.
The eye of dew sheds blood, wherever you look.
Before whom can we unburden our hearts?
This night of sorrow is harsh, wherever you look.
Men of love bear the wounds of his loss.
Everyone's eyes are weeping, wherever you look.
There is Hindu, no Muslim here:
Only man's ignominy, wherever you look.

19 आँखें

तेरी दुम्बालादार आँखों में
मैंने देखीं वो पुरसुकूँ शामें
जो मुसाफ़िर की मूनिस–ए–ग़म हैं
धूप से तमतमाते सहरा में

तेरी दुम्बालादार आँखों से
मुझको होता है ये गुमाँ अक्सर
जैसे झुलसे हुए धुँधलके में
दब गया हो गुबार–ए–राहगुज़र
कारवाँ खो गए हों जुल्मत में
एक शोला कहीं चमकता हो
रात की बेपनाह वुसअत में
और ये ख़ाबहा–ए–नीमशबी
ख़ूगर–ए–सोज़–ओ–साज़–ए–तिश्नालबी
उठ के गिर्दाबवार हों पैहम
इस तजल्ली के गिर्द रक़्सकुनाँ
कफ़ज़नाँ, नग़मारेज़, ज़मज़माख़्वाँ
सूरत–ए–सूफ़िया–ए–मुल्क–ए–अजम

और फिर थक–थका के सो जाएँ
अपने शब–ज़िन्दादार ख़ेमों में
तेरी दुम्बालादार आँखों में

19. Eyes

In your kohl-adorned eyes,
I have seen those peaceful evenings
That soothe the traveler's grief
In the burning desert.

In your kohl-adorned eyes,
I often imagine I see
The road-dust settled
Under the burnt-out dusk;
Caravans lost in darkness,
And a flame shining somewhere
In the boundless night.
And my midnight dreams,
Accustomed to the joys and sorrows of thirsty lips,
Dance perpetually like whirlpools
Around that light,
Clapping, whirling, chanting,
Like the Sufis of Persia.

Then, exhausted, they go to sleep
In their tents which remain alive at night:
Your kohl-adorned eyes.

20 इन्सानों की आवाज़

आज इन्सानों की आवाज़ सुनी है मैंने
फ़र्त–ए–हस्ती से मचलते हुए इन्सानों की
मुज़तरिब, शिद्दत–ए–जज़बात से गरमाई हुई
मौज–ए–आहन–ए–सय्याल की मानिन्द रवाँ
चन्द दीवानों की आवाज़ नहीं
ख़श्मआलूद, ग़ज़बनाक, मुहीब
मौत के शानों पे लहराते हुए साँपों की
ज़ह्रआमेज़, सुलगती फुंकार

आज इन्सानों की आवाज़ सुनी है मैंने
लहलहाते हुए खेतों में, चरागाहों में
कारख़ानों की सदा चलती हुई नब्ज़ों में
शाहराहों की फड़कती हुई शिरयानों में
दूर तक ज़ेर–ए–ज़मीं फैली हुई कानों में

सीना–ए–ख़ाक पे चलते हुए हल
देवअन्दाम मशीनों के चटक़ते आज़ा
बह्र–ए–ज़ख़्ख़ार को दलते हुए गम्भीर जहाज़
नग़मा–ओ–रक़्स, इमारात, किताबें, अस्नाम
अनगिनत होंट, हज़ारों आँखें
आज हक़ अपना तलब करते हैं

20. The voice of man

Today, I have heard the voice of man,
Filled with life's passion,
Vibrant flushed with emotions,
Surging forward like a wave of molten steel:
The voice of a man, not a few howling madmen,
Grim, violent, terrifying,
Hissing like venomous snakes,
Swirling on the shoulder of death.

Today, I have heard the voice of man
In burgeoning fields, in fat pastures,
In the perpetual pulse of factories,
In long veins of underground mines,
Ploughs scoring the earth's bosom,
Crackling limbs of giant machines,
Vast ships cleaving the surging seas.
Song, dance, books, buildings, statues,
Countless lips, innumerable eyes,
All crying out for justice now.

आज इन्सानों की आवाज़ सुनी है मैंने
मेरा एहसास, मेरा दिल, मेरे दस्त–ओ–बाज़ू
मेरा हर तार–ए–वुज़ुद इसी आवाज़ में तहलील हुआ जाता है
ऐ ख़ुदायान–ए–कलीसा–ओ हरम
ऐ जफ़ापेशा सियासत के अलमबरदारो
तुम इस आवज़ से थर्राते हो
और मैं इसके हसीं धागों से
अपने नग़मात बुना करता हूँ

Today, I have heard the voice of man.
My desires, my heart,
Every fibre of my being
Longs to dissolve in this voice.
O watchdogs of religion,
O flag-bearers of cruel politics,
You tremble when you hear this voice.
But I – I weave my songs
From the strand of the voice of man.

21 अतिया के नाम[26]

मैं तुझको दे न सका गरचे हदया–ए–तबरीक
मेरे ख़याल मगर तुझसे हमकनार रहे
ये शौक़ था तुझे सीने लगाऊँ और कहूँ
कि मेरा जज़्ब–ए–अक़ीदत तेरे निसार रहे
तुझी से है मुझे हासिल मता–ए–ज़िन्दादिली
तिरी निगाह–ए–करम मेरी ग़मगुसार रहे
करें न तुझको परेशाँ ज़मीं के हंगामे
तेरा ज़माने की गर्दिश पे इख़तियार रहे
तेरे ही दम से है मसरूर ख़ातिर–ए–अहबाब
खुदा करे तेरा गुल्शन सदाबहार रहे

वतन में काश कि होता ये जश्न–ए–सालगिरह
कहें मगर किसे आवाराहाल अपना वतन
लहू रुलाता है आँखों को सोज़–ए–हिज्र यहाँ
वहाँ है वस्ल की बेकैफ़ियों से दिल में जलन
यहाँ जमूद–ए–मुसलसल बना है बार–ए–गराँ
वहाँ अमल की मकाफ़ात हब्स–ओ–दार–ओ–रसन
खुद अपने घर में ग़रीबुद्दयार हैं हम लोग
क़फ़स को कैसे नशेमन बताए मुर्ग़–ए–चमन
कहो ये जा के हरीफ़ान–ए–बादापैमा से
कि तुम हो मैह्व–ए–तरब, रो रहे हैं सर्व–ओ–समन
चमन में चार सू क़ब्रें हैं नौनेहालों की
हुआ नसीब न जिनकी बरह्नगी को कफ़न

---

26 Attia Hosain (1913-1998), born in a feudal family in Oudh and married to Ali Bahadur Habibullah, moved permanently to London in 1947; her novel 'Sunlight on a broken column' (Chato & Windus, London, 1961) has gone into several editions.

21. For Attia

Although I could not offer you a congratulatory gift,
My thoughts were always with you.
I wanted to hold you against my heart and say:
My sincere feelings towards you are but a minor gift;
My liveliness is only because of you;
Let your benevolence remain always with me.
Let the vagaries of the world never bother you;
May you always have control
        of the vicissitude of the world.
The company of friends is happy only because of you;
Let your rose-garden remain in bloom forever.

I wish that this birthday was celebrated in our homeland,
But the souls parted from their land
        have no one to tell their woes.
Here, the eyes cry tears of blood in the fire of parting;
There, the heart is unhappy with listless love.
Here, the monotonous stillness weighs heavy on the heart;
There, the rewards of action are the rope and the gallows.
In our own home, we are in exile;
How can the captive bird call the cage its home?
Go and tell those who are fighting the opposing winds:
That you are busy merry making while the trees are crying;
The rose garden is strewn with graves of young children,
Whose nakedness was not even given a shroud.

न भूल अपनी मसर्रत में उन रफ़ीक़ों को
जो मुल्क–ओ–क़ौम की ख़ातिर हैं आज रज़्मकुनाँ
वो कर रहे हैं रक़म अपने ख़ून से तारीख़
है उनको ख़ौफ़–ए–अज़ीयत न हैबत–ए–ज़िन्दाँ
क़ज़ा–ओ–क़द्र को वो वाहेमा समझते हैं
है फ़ाश उनकी निगाहों में अज़्मत–ए–इन्साँ
ये ज़िन्दगी जो मोअम्मा है दूसरों के लिये
वो जानते हैं उसे सिर्फ़ बाज़ी–ए–तिफ़्लाँ
हँसे न कोहकनों पर जलाल–ए–परवेज़ी
कि होगी उनके तेशों से जू–ए–शीर रवाँ[27]
तुझे ये जश्न मुबारक मगर वो दिन आए
कहूँ मैं तुझसे मुबारक हो तुझको जश्न–ए–जहाँ

---

[27] Refers to the tragic lovestory of Farhad, a stonecutter, and Shirin, who was married to a king, Pervaiz; Farhad gave his life in trying to dig with his adze a canal of milk through a mountain to fulfil a condition laid by Pervaiz for giving up Shirin.

In your merriment, don't forget those companions
Who are mourning for their land and people.
They are recording the history with their own blood;
They are afraid of neither torture
        nor the hardship of the prison.
They regard desstiny, an illusion;
The greatness of man is an open book to them.
This life, an enigma for others,
Is child's play for them.
Let the fury of Pervaizes of the world
        not laugh at these stonecutters,
For their adzes will open the canals of milk
        from the mountains.
I wish to felicitate this day of your birth,
But one day, I'd like to felicitate the day of the world.

22 चाँद

किसी ने कहा चाँद इक फूल है
महकता है जो गेसू–ए–यार में
किसी ने कहा चाँद इक दाग़ है
चमकता है हर शब दिल–ए–ज़ार में

22. The Moon

Someone said: The moon is a flower,
Fragrant in the beloved's hair.
Someone said: The moon is a wound-scar,
Shining every night through a heart in despair.

23 शायर की मौत

(मजाज़[28] की मौत पर)

वो एक फूल था सूरज को जो तरसता हो
उसे मिली थी शबान–ए–अलम की बीनाई
ग़मों की ज़िन्दादिली अंजुमन की तन्हाई

वो चाहता था कि जू–ए–सहर में गुस्ल करे
सुखाए अपने पर–ओ–बाल नर्म किरनों में
तजल्लियों से सुने नग़माहा–ए–बेदारी
समेट ले शफ़क़–ए–रंग–ओ–नूर आँखों में
उसे मसल ही दिया ज़िन्दगी के हाथों ने

फ़ज़ा में खोल दिये गेसू–ए–फ़ुग़ाँ हम ने
उठाई हुस्न–ए–परेशाँ की पत्तियाँ हम ने
सबा की राहगुज़र में उन्हें बखेर दिया
कि ज़ेर–ए–ख़िर्मन–ए महताब दफ़्न हो जाएँ
रहें हुज़ूर–ए–मोहब्बत रहीन–ए–बेख़बरी
रिवायतों के अन्धेरे में जा के सो जाएँ

लिये गुबार–ए–रह–ए–हिज्र जब क़दम लौटे
चमक रहा था उफ़ुक़ पर सितारा–ए–सहरी

---

28 Asrarul Haq Majaz (1911-1955), a popular romantic Urdu poet, who died of pneumonia on a wintery night after a drinking spell.

23. The death of a poet
(On the death of Majaz)

He was a flower, longing for the sun;
He was given the vision of nights of agony,
The liveliness of grief, the loneliness of company.

He wanted to bathe in the stream of dawn;
To dry his feathers in the soft rays of the sun;
To listen the waking-up songs from splendours,
To gather the colour and light of dusk in his eyes.
He was trampled under the feet of life itself.

We let the hair of wailing loose in the air;
We picked up scattered petals of beauty,
And threw them in the path of the breeze,
To be buried in the dust of the moon;
To let them lie in the exalted presence of love;
To let them sleep in the darkness of traditions.

When our feet returned wrapped
in the dust-cloud of parting,
We saw the morning star glowing on the horizon.

24 बाज़दीद

तुम जो आओ तो धुँदलके में लिपट कर आओ
फिर वही कैफ़–ए–सर–ए–शाम लिये
जब लरज़ते हैं सदाओं के सिमटते साए
और आँखें ख़लिश–ए–हसरत–ए–नाकाम लिये
हर गुज़रते हुए लम्हे को तका करती हैं
ख़ुदफ़रेबी से हमआग़ोश रहा करती हैं

तुम जो आओ तो अँधेरे में लिपट कर आओ
मस्ती–ए–बाद–ए–सुबुकगाम लिये
शबनमी शीशों को सहलाएँ लचकती शाख़ें
और महताब–ए–ज़मिस्ताँ कोई पैग़ाम लिये
यूँ चला आए कि दर बाज़ न हो
कोई आवाज़ न हो

तुम जो आओ तो उजाले में लिपट कर आओ
फिर वही लज़्ज़त–ए–अंजाम लिये
जब तमन्नाएँ किसी ख़ौफ़ से चीख़ उठती हैं
और ख़ामोशी–ए–लब सैकड़ों इबहाम लिये
एक संगीन हक़ीक़त में बदल जाती है
ज़िन्दगी दर्द में ढल जाती है

24. Visitation

If you come, come wrapped in the haze of dusk,
Bringing again the ecstasy of early evening
When the shrinking shadows of voice tremble
And eyes burning with unrequited desires
Atare at every passing moment,
Are fooled by self-deception

If you come, come wrapped in the darkness of the night,
Bringing with you the intoxication of fleet-footed breeze
When supple branches caress dew-soaked window panes
And let the winter moon, bringing a message,
Enters without opening a door,
Without making a sound.

If you come, come wrapped in the light of the day,
Bringing again the pleasure of the end
When desires scream with fear
And the silence of lips with its thousand ambiguities
Becomes a harsh reality
And life turns into a pain.

25 नीमशब

ढल चुकी रात बहुत
लज़्ज़त–ए–जाम–ओ–सुबू, शोख़ि–ए–गुफ़्तार गई
गर्मी–ए क़ल्ब–ओ–नज़र, ताबिश–ए–रुख़्सार गई
सुन चुके हर्फ़–ओ–हिकायात बहुत

आओ चुपचाप निकल जाएँ भरी महफ़िल से
हसरत–ए–दीदा–ए–बेदार को रुस्वा न करें
चाँद बन कर पस–ए–अश्जार निहाँ हो जाएँ
रूह की उजलत–ए–शबताब का चर्चा न करें

झिलमिलाते हैं सर–ए–चर्ख़ सितारों के चिराग़
ख़ामशी कूचा–ओ–बाज़ार पे आवेज़ाँ है
और हर राहगुज़र वीराँ है

25. Midnight

Much of the night has passed.
Gone are the pleasures of the cup,
        the liveliness of speech;
Gone are the warmth of eyes and heart,
        the glow of cheeks.
We have heard enough tales.

Come, let's sneak out of this crowded meeting.
Let's not betray the grief of our wakeful eyes.
Let's become the moon hidden by the trees.
Let's not show the night-illuminating seclusion
        of our souls.

The star-lamps flicker in the sky.
Silence hangs over streets and squares,
And every road is deserted.

26 ग़ुरूब

जब आख़री किरनें
सूरज से बिछड़ कर
फिरती थीं हिरासाँ
दामान–ए–उफ़ुक़ पर
मैंने उसे देखा

हाथों ने सदा दी
ऐ आख़री किरनो
थम जाओ घड़ी भर

नागाह अँधेरा
हर सिम्त से झपटा
सुनसान थीं राहें
इक नाला–ए–शबगीर
उड़ता था फ़ज़ा में

हर गाम पे हाएल
पैहनाई–ए–सह्‌रा
हर साँस, तजस्सुस
हर अश्क, तमन्ना

26. The Sunset

Separated from the sun,
When the final rays,
Wandered bewildered
On the border of the horizon,
I saw her.

Hands called:
O, last-departing rays,
Stop for a while.

Instantly, from every side
Darkness swooped down.
The road was desolate.
A nocturnal lament
Floated in the air.

Before every step, lay
The vastness of the desert.
Every breath, a search;
Every tear, a desire.

27 हमसफ़र

तुम मेरे साथ चलो
तुम मेरे साथ रहो
और हम एक नई सुबह का आग़ाज़ करें

जम्अ है चार तरफ़ अजनबी नज़रों का हुजूम
ये गुल–ओ–सब्ज़ा, ये महताब–ओ–नुजूम
आओ इस महफ़िल–ए–बेगाना को हमराज़ करें

वुसअत–ए–शह्र–ओ–दयार
बाज़ुओं में सिमट आए नाचार
ज़ौक़–ए–नज़्ज़ारा को जब माएल–ए–परवाज़ करें

रंग–ए–दिल रंग–ए–सहर
ख़िलवत–ए–नीमशबी, दीदा–ए–तर
जो भी मिल जाए उसे मूनिस–ओ–दमसाज़ करें

नूर–ओ–ज़ुल्मत में ये दहलीज़ ही बस हाएल है
एक ही लम्हा दिल–ओ–जाँ के लिए मुश्किल है
तोड़ दें हद्द–ए–नज़र, वक़्त का दर बाज़ करें

27. Companion

Walk along with me;
Stay with me.
And we shall usher in a new dawn.

Everywhere we go there's a crowd of alien eyes:
Flowers and shrubs, moon and stars.
Let's share our secrets with this company of strangers.

The wide-open reaches of cities and climes
Cannot but dissolve in our arms
If we give wings to the longings of our vision.

The colour of the heart, or the colour of the dawn;
The solitude of midnight, or tear-stained eyes:
Let's find solace in whatever comes our way.

A mere threshold separates darkness from light,
A single moment is critical for one's heart and soul:
Let's break the barrier of sight
and throw open the door of time.

28 ग़म की मंज़िल

तेरी आँखों में सहर हँसती थी
तेरे होंटों पे महकते थे गुलाब
तेरी हर साँस में चलती थी नसीम
तेरी ज़ुल्फ़ों में मचलती थी ज़िया–ए–महताब

दिल में इक हूक उठी
काश मैं अपना बना लूँ तुझको
ख़लिश–ए–रूह को आसूदा करूँ
जिस्म–ए–सोज़ाँ से लगा लूँ तुझको

सफ़र–ए–शौक़ में मौजों की तरह साथ रहे
हाथ में हाथ रहे

हम सियह रात की पहनाई में
दो सितारे थे मगर एक हुए
दर्द ने दर्द को हमराज़ किया
अश्क–अश्कों से मिले, दीदा–ए–तर एक हुए

अब तेरा ग़म न तेरा है, ना मेरा ग़म मेरा
एक ग़म है जो हमारा ग़म है
ग़म–ए–इन्साँ है, जहाँ का ग़म है

28. A Stage of Sadness

The morning smiled in your eyes;
Fragrant roses blossomed on your lips;
Your every breath was the morning breeze;
The glow of the moon frolicked in your hair.

I was overwhelmed by the desire
To make you my own,
To sate my parched soul,
To hold you against my burning body.

We were together in the journey of desire,
Holding hands.

In the vastness of the dark night,
We were two stars, but became one.
Our pains shared their secrets.
Our tears mingled, mrging our moist eyes.

Now your sadness is not yours, nor mine my own.
There is only one sadness: that of us both;
We have the sadness of man, the sadness of the world.

29 जश्न

फिर वही शोला–ए–सोज़ाँ लाओ
फिर वही दाग़–ए–फ़रोज़ाँ लाओ
आओ इस शह्र–ए–ख़मोशाँ में फिर इक जश्न रहे

क्या हुई चाक–ए–दामाँ की हवस
क्या हुई दश्त–ओ–बयाबाँ की हवस
क्यों तमन्नाओं की पलकों पे लहू सूख गया

दर्द इक लम्ह–ए–जावेदाँ है
अश्क इक जादा–ए–बेपायाँ है
ख़लिश–ए–रूह वो दरिया है जो पायाब नहीं

आज इस अंजुमन–ए–याराँ में
सोहबत–ए–ग़मज़दागाँ, हल्क़ा–ए–दिलदाराँ में
सीना–ए–शब से उठो, आह–ए–सहर बन जाओ

29. Celebration

Bring the burning flame again.
Bring again the glowing scar of wounds.
Let's again have a celebration in this silent city.

Where is the ecstasy of your frenzied passion?
Where are your yearnings for deserts and plains?
Why have blood-soaked tears dried
on the eyelashes of your longings?

Pain is an everlasting moment.
Endless is a teardrop's journey.
The soul's anguish is a river impossible to cross.

Today, in this gathering of friends,
This company of afflicted ones, this circle of lovers,
Rise from the heart of the night like the sigh of dawn.

30 आइना

दिन निकलते ही आइना बोला
आओ बे रोक–टोक आ जाओ
इस तकल्लुफ़ की क्या ज़रूरत है
मैं हमेशा से जानता हूँ तुम्हें
फिर तआर्रुफ़ की क्या ज़रूरत है
एक दिन एक तिफ़लक–ए–मासूम
मेरी आग़ोश में मचलता था
वो समाँ तुमको याद हो कि न हो

शाम को राह–ए–सर्द–ओ–वीराँ पर
एक साया क़रीब आता है
और कहता है आओ साथ चलें
पास के रेस्तोराँ में चाए पियें
और मैं पूछता हूँ क्या मुझसे
आश्ना हैं तमाम अहल–ए–जहाँ
मैं कभी अक्स हूँ कभी साया
अस्ल की जुस्तुजू में सरगरदाँ
खुद को पहचानने में उम्र कटी
और अपने लिये मैं ग़ैर रहा
सब ने देखा मुझे मगर मैं ही
अपनी सूरत कभी न देख सका

30. The mirror

At the dawn of the day, the mirror said:
Come right in, don't hesitate.
Why this reluctance?
I have known you forever.
We do not need any introduction.
There was a time whe an innocent baby
Used to kick around in my arms.
But perhaps you don't remember now.

In the evening, on a cold, deserted road,
A shadow approaches and says:
Let's go together and have tea
In a nearby restaurant.
And I wonder whether
Everyone knows me here.
Sometimes I am a reflection,
Sometimes a shadow.
Wandering in search of my reality.
I spent a lifetime trying to find who I am,
Yet I remained a stranger to my own self.
Everyone saw me;
Only I could never see my own face.

31 नाम

वो जो मारा गया बेचारा मेरा भाई था
राह चलते हुए देखा मैंने
उसका बेजान बदन
एक नाली के क़रीब
ढाँप रक्खा था अँधेरे ने उसे
और उसका कोई दमसाज़ न था
रात के दीदा–ए–पुरनम के सिवा

वो इक इन्सान था मामूली सा
ज़िन्दगी जिसकी थी औरों की तरह
उसके दिन सादा थे, बेरंग थीं उसकी रातें
सुबह होती तो वो मेहनत को निकल जाता था
शाम होती तो वो घर आता था
उसके ग़म छोटे, उमीदें छोटी
जैसे ये कौन–ओ–मकाँ
एक अंडे में सिमट आए हों

लोग कहते हैं भला नाम में क्या रक्खा है
नाम औलाद को माँ–बाप दिया करते हैं
मेरे भाई को इसी तरह मिला था इक नाम
जिससे मक़सूद थी पहचान उसकी
यही पहचान बनी उसकी तबाही का सबब
वो गया उसकी यो पहचान गई
अब न हिन्दू न मुसलमान है वो
सिर्फ़ इक लाश–ए–बेजान है वो

31. Name

The poor soul who was killed was my brother.
Walking along the road,
I saw his lifeless body
By an open drain.
He was hidden in darkness,
And he had no friend
Except the wet eyes of the night.

He was an ordinary man
Whose life was like that of others.
His days were simple, his nights colourless.
At the breack of dawn, he would go out
On his daily routine,
And return home when the evening fell.
His griefs were small, and so were his hopes,
As if his entire universe had shrunk into an egg.

People say: What's there in a name?
A name is given to the children by their parents.
That is how my brother got his name,
So that he could have an identity.
This very identity led to his destruction.
Now he has gone takinh his identity with him.
Now he is neither a Hindu nor a Muslim.
He's just a corpse, dead and lifeless.

32 क़तरा

हवाएँ ले गईं मुझको उड़ा के
बना मैं नागहाँ इक क़तर–ए–आब
बहुत दिन बादलों के साथ घूमा
न कर पाया किसी के दिल को सैराब
गिरा मायूस हो कर आसमाँ से
ज़मीं चिल्ला उठी, सैलाब सैलाब

32. Raindrop

The wind swept me upwards.
Suddenly I became a raindrop.
For a long time, I wandered with the clouds,
But could not sate anyone's heart.
Disappointed, I fell from the skies,
And the earth cried out:
Flood, flood everywhere.

33 पेशकश

मैं अगर दिल की नज़्र पेश करूँ
तो मेरी बददयानती होगी
रह चुका है ये दूसरों के पास
उँगलियों के निशान हैं इस पर
लबचकीदा खुशी की बूँदें हैं
जो कगार से टपक के सूख गई
फिर भी दे दूँ ये हदिया–ए–नाचीज़
गर मुझे डर न हो कि उकता कर
कहीं तुम भी इसे न लौटा दो

33. Gift

If I offered you my heart,
It would be dishonest of me.
It has stayed with others.
It has marks of many fingers,
Drops of happiness that flowed
    from lips of others,
And have left dried stains under its rim.
Still, I would give you this unworthy gift
If only I were not sure that you too,
Satiated, will return it.

‘शह्र–ए–गुमनाम’ से
(1965–1983)

34 पढ़ने वाले से

जिस घड़ी शोर ख़त्म हो जाए
और दिन भर की दौड़ धूप के बाद
तू ख़ामोशी में ये किताब पढ़े
ढूंढ़ना ख़ाल–ओ–ख़त उस इनसाँ के
अपने अशआर में जो पिनहाँ है
सोचना कौन आदमी है वो
जिसकी ये सोहबत–ए–परीशाँ है

मैंने उस आदमी को ढूँढ़ा था
पूछा रेग–ए–रवाँ से उसका निशाँ
कोह में, दश्त में, बियाबाँ में
मैं ख़लिश ले के शह्र–शह्र फिरा
आस्तानों पे मैंने दस्तक दी
छान मारे सभी कुतुब–ख़ाने
इल्म–ओ–हिकमत की हर किताब पढ़ी
आह फिर भी वो आदमी न मिला

वो बदस्तूर इक मोअम्मा है
और ये पारा–हा–ए–शेर–ओ–सुख़न
हैं इशारात इस मोअम्मे के
झाँकना उसके क़ल्ब–ए–पिनहाँ में
उसकी फ़ितरत का भेद सुलझाना
और अगर मिल सके तो मुझको भी
इस मोअम्मे का हल बता जाना

34. To the reader

When the tumult is over
And after a day's hard work
You sit down to read this book in the quiet,
Look for the features of the man
Hiding in his poetry.
Who is this man,
Whose confused company you are in?

I looked for that man everywhere.
I asked the flowing sand for his trace;
Carried the anguish of his search
Into mountains, deserts, desolations,
Cities after cities;
Knocked on many doors;
Devoured all libraries;
Read every book of wisdom and learning.
Alas, I never found that man.

He is still a puzzle as usual,
And these patches of poetry
Are clues to the puzzle.
Look for him through these clues,
Try to peek in his heart
To unearth his secrets.
And if you do succeed,
Let me know the solution to the puzzle.

35 बरगद का पेड़

आँखें मीचे, सोच में गुम
धूनी रमाए कोई साधू जैसे बैठा हो
बच्चे खेल रहे हैं
जिनकी चीख़ों से
ख़ामोशी के साकिन जोहड़ में हलचल है
झोंके आते हैं
लेकिन ये चुप साधे रहता है
मौत भी शायद इसके बुढ़ापे को छूने से डरती है
इसका तन माज़ी से बोझल है
और हमारे दिन इसके भारीपन को
सहमी–सहमी नज़रों से देख रहे हैं
इसके पत्तों ने क्यों हर कोंपल को ढाँप रखा है
इसकी शाख़ें क्यों मिट्‌टी में घुस कर जड़ बन जाती हैं

35. The banyan tree

Eyes closed, lost in thought,
Like a sadhu deep in meditation.
Children are playing;
Their cries
Spread ripples in the still pond of silence.
Gust of wind blow,
But the tree does not stir.
Even death seems shy of touching its oldness.
Its body is weighed down by the past.
Our days gaze on that heaviness
With frightened eyes.
Why do its leaves hide every fresh shoot?
Why do its branches
Return to the ground
And turn into roots?

36 ऊँचे मकान

ऊँचे मकानों के तले
हम उम्र भर चलते रहे
दीवार से चिमटे हुए
ऊँचे पहाड़ों से मकाँ
हम एक मूर–ए–नातवाँ
पैहम तलाश–ए–रिज़्क़ में
जब दोस्त आपस में मिले
ऊँचे मकाँ हाएल रहे
उनके दिलों के दरमियाँ
ऊँचे मकाँ ऊँचे उठे
हम थे कि घटते ही रहे
आख़िर हम इक दिन मिट गए
ऊँचे मकाँ बस रह गए

36. Tall buildings

In the shadow of tall buildings,
We crawled all our lives,
Clinging to the walls.
The buildings were tall mountains
And we were ants,
Perpetually on the hunt for food.
Tall buildings were a barrier
Between the hearts of friends
When they came together.
The tall houses grew and grew,
As we kept shrinking.
At last, one day we disappeared,
Leaving nothing but tall building.

37 सन्थाली नाच

ये चटानों के भँवर हैं
जिनसे ज़ुल्मत चीख़ती है
आँधियों के दिल की धड़कन
देवदारों के तनों में
मस्त शेरों की गरज है
जंगलों में
मोरछल, नेज़े, कमानें
लज़्ज़तों के मुँह से बाहर तुंद शोलों की ज़बानें
औरतों की आबनूसी छातियों से
दर्द बन कर ज़ह्र की बूँदें गिरेंगी
इनकी रानें तिश्ना–ए–पैकाँ रहेंगी
और वह्शत संगरेज़ों पर चलेगी
ख़ून बन कर ताल देगी

37. The aboriginal dance

These are rock whirlpools;
Out of them cries the dark.
A tempest's heart pulses
In the bodies of pines;
The roar of tigers
In the forest.
Bows and arrows, peacock-feathers,
Tongues of flame
        leaping from mouths of pleasure.
Grief-like little drops of venom,
Will drip from the ebony breasts of women,
Whose arid thighs cry out for love.
And the madness
        will dance on sharp-sided stones,
Will turn into blood to beat the drum.

38 पगडंडी

चलते हुए इस पगडंडी पर
जब सामने पेड़ आ जाते थे
होता था गुमाँ हद आ पहुँची
कहते थे क़दम अब लौट चलो
अब लौट चलो उस राह पे जिससे आए थे
कुछ दूर पे जा कर लेकिन ये मुड़ जाती थी
पेड़ों की सफ़ों में तेज़ी से घुस जाती थी
बिखरे हुए पत्ते ओस में तर
छनती हुई किरनों का सोना
चुपचाप फ़ज़ाओं की खुशबू
नागाह किसी तायर के परों की घबराहट
हम आ गए उन मैदानों में
फैले हुए मैदाँ और उफ़ुक़ की पहनाई
अब आओ यहाँ से घर लौटें
चलते हुए इस पगडंडी पर

38. The pathway

Walking on this pathway,
The trees coming up ahead
We felt as if we could go no further.
Our feet said: Let's go back
The way we came.
But, a little beyond, the pathway would turn
Sharply inside a row of trees.
Scattered leaves, soaked with dew;
The gold of filtering rays;
The fragrance of silent surroundings;
And suddenly the start of a bird's wings.
We have come to these fields,
The wide-open fields
        and the vastness of the horizon.
Now let's go home,
        walking back on this pathway.

39 गर्मी की दोपहर

पेड़ सो जाएँगे
रास्ते गर्द में खो जाएँगे
हर किरन ईंटों से टकराएँगी
फूल काँटों से लटक जाएँगे
इक कहानी तुझे याद आएगी
जिस से रहगीर भटक जाएगें[29]
तू पुकारेगा उसे
और कशकोल–ए–गदाई की तरह
तेरी आवाज़ तेरे पास ही लौट आएगी

हर तरफ़ गर्म हवा चलती है
कब तक इस तपती हुई राह पे तू भटकेगा
कोई बादल है न दीवार का साया है यहाँ
घर की राहत जिन्हें हासिल है वो खुशक़िस्मत हैं
चिलमनें खेंच लें दरवाज़े मुक़फ़्फ़ल कर लें
रंज–ओ–ग़म तकये के नीचे धर दें
पाँव फैलाए हुए सो जाएँ
तुझको लेकिन अभी चलना होगा
धूप की आग में जलना होगा

---

29 When children wanted their mothers to tell a story in the afternoon, they declined by saying that if a story is told in the afternoon, the travelers will lose their way.

39. A Summer Afternoon

The trees will sleep,
The paths will lose themselves
in a cloud of dust.
Every sunbeam will strike against the bricks.
Flowers will hang from thorns.
A story will come to your mind,
And travelers will lose their way.
You will call someone,
And empty-handed, like a beggar's bowl,
Your voice will return to you.

A hot wind blows everywhere.
How long will you wander
on this burning road?
There is not a patch of cloud here,
Nor the shade of a wall.
They are lucky who have the comfort of a home.
They may draw the blinds, lock the doors,
Put away their griefs and sorrows
under their pillow,
And go to sleep peacefully.
But for you there is neither rest from walking,
Nor relief from the blazing sun.

40 उसकी आवाज़ में

उसकी आवाज़ में
आइने से बदन
झिलमिलाने लगे
धूप छाँव के हिलते हुए पैरहन
सरसराने लगे
और दिल ने कहाः उसके ऐसे ख़त–ओ–ख़ाल हैं
उसके आज़ा के ख़म
रेशमी मौज के ज़ीर–ओ–बम
उसके शाने पे बिखरे हुए बाल हैं
वादी–ओ–कोह में
रंग–ओ–बू के सरासीमा अंबोह में
वो भटकता हुआ राज़ थी
सिर्फ़ आवाज़ थी

40. In her voice

In her voice,
Mirror-like bodies shimmered,
Trembling garments of light and shade
Began to rustle
And the heart said:
Such-and-such are her features.
The curves of her body,
The ebb and tide of silken waves.
Her hair flowing over her shoulders.
In the valleys and mountains,
In the frenzied crowd of colour and fragrance,
She was a wandering secret,
Only a voice.

41 बुतशिकन

तुम जो बुत तोड़ने निकले हो सनमख़ानों में
तुम ने उस बुत को भी देखा जो तुम्हारा बुत है
आतिश–ए–रश्क में ये बुत भी जला करता है
ये भी सज्दों के लिए दिल में कुढ़ा करता है
ये भी कहता है
मेरा रुत्बा कहीं बरतर है
औज–ए–अफ़्लाक पे मेरा सर है
बुत मगर दूसरे हँसते हैं: ये नौवारिद है

तुम जो बुत तोड़ने निकले हो सनमख़ानों में
पहले ख़ुद अपने ही बुत को ढाओ
इसकी मिट्टी में नमी बाक़ी है
इसका दिल अब भी पिघल सकता है
इसकी आँखें अभी रो सकती हैं
इससे पहले कि ये पत्थर बन जाए
तुम इसे क़ैद से आज़ाद करो
और वो बुत जो सनमख़ानों की आराइश हैं
आप ही टूट के गिर जाएँगे
अपनी ही ख़ाक में मिल जाएँगे

41. Iconoclast

You have set out to break the idols
            in their idol temples.
Have you seen the idol in your own?
This idol also burns in the fire of envy;
This idol also yearns for adoration.
This too says: I outrank them all.
My head reaches the skies.
But all the other idols laugh at him:
He is just an upstart.

You have set out to break the idols
            in their idol temples,
But first you should break your own.
Its clay is still moist;
Its heart can still melt;
Its eyes can still cry.
Before it turns into stone,
Free it from its bonds,
And those idols
            which adorn their idol temples
Will fall and break by themselves;
They will dissolve into their own clay.

42 अजन्ता

चट्टानें बोल सकती हैं
चट्टानें राज़ अपना खोल सकती हैं
दिखा सकती हैं ये तक़्दीस की दुनिया–ए–ना–पैदा
जहाँ फ़िक्र–ओ–फ़न–ए–उज़लतनशीं की ख़ानक़ाहें हैं
जहाँ एहसास की गहरी गुफाएँ हैं

वो किसकी उँगलियाँ थीं जिनके लम्स–ए सहर–आगीं ने
इन्हें इज़्न–ए–सुख़न बख़्शा
वो किसकी गर्मी–ए दिल थी के जिसने इनको तन बख़्शा
यहाँ हर शख़्स आएगा
मगर उसको ना पाएगा
उसे ढूँढ़ो
वो शायद इन चट्टानों में छुपा होगा
ये पहली शर्त थी इनके तकल्लुम की
कि जो भी इनके असरार–ए–मुक़फ़्फ़ल ढूँढ़ने आए
वो खुद इनमें समा जाए

42. Ajanta

Rocks can speak.
Rocks can reveal their secrets,
And show the invisible world of sanctity
With monasteries of cloistered thought and art,
With deep, dark caves of feelings.

Whose fingers' magic
Gave them leave to speak?
Whose heart's warmth
Gave them their body?
Many will come here,
But none will find him.

Look for him.
He may be hidden in these rocks.
It was the condition for their speech
That a man must dissolve himself in them
To open their locked-up secrets.

43 शह्र–ए–गुमनाम

जैसे कोई सइय्याह सफ़र से लौटे
जब शाम को तुम लौट के घर आओगे
हर नक़्श मोहब्बत से तुम्हें देखेगा
हर याद को तकता हुआ तुम पाओगे

तुम बैठोगे अफ़कार की ख़ामोशी में
सोचोगे के इस रंज से क्या हाथ आया
तुम ढूँढ़ने निकले थे मगर क्या पाया

जम जाएँगी शोलों पे तुम्हारी आँखें
हर शोले में इक ख़्वाब नज़र आएगा
दीवारों पे परछाइयाँ लहराएँगी
हर रास्ता आवाज़ों से भर जाएगा

इक शह्र है आबाद तुम्हारे दिल में
इक शह्र जो गुमनाम है नापैदा है
इक शह्र जो मानिंद–ए शजर तन्हा है

43. The obscure city

Like a traveller returning from a journey,
When you return home in the evening,
Every image will smile fondly at you;
Every memory will gaze into your eyes.

You will sit in the silence of your thoughts,
Wonder at the uselessness of toil.
You went out to find something,
But what did you find?

Your eyes will be fixed upon the fireplace.
You will see dream in every flame.
Shadows will flicker on the walls.
And every road will resound with voices.

There is a city in your heart,
A lost, a hidden city,
A city solitary like a tree.

44 ख़ाना–ए–मतरूक

दरवाज़े के शीशों से लगी हैं आँखें
हर गोशे में माज़ी की कमीं गाहें हैं
यादें हैं कि बिखरे हों खिलौने जैसे
कुछ आहटें, कुछ क़हक़हे, कुछ आहें हैं

जो लोग यहाँ रहते थे उनके साए
चुप–चाप फिरा करते हैं इन कमरों में
खोई हुई आवाज़ गए वक़्तों की
गूँज उठती है मानिंद–ए–अज़ाँ कानों में

मैं आया हूँ अपने यहाँ मेह्माँ बन कर
कुछ रोज़ गुज़ारूँगा चला जाऊँगा
मिट जाएगा ग़म दूरी का धीरे–धीरे
क्या जानिये फिर लौट के कब आऊँगा

हर संग है इक संग–ए–मलामत गोया
हर कत्बा–ए–दीवार है दुश्नाम मुझे
पैमान–ए–वफ़ा बाँधा था मैंने इन से
अब तकते हैं हैरत से दर–ओ बाम मुझे

44. The abandoned house

My eyes are fixed on the window-panes.
Memories lurk in every corner,
Scattered like toys.
There are some footstep,
    some laughter, and a few sighs.

Shadows of those who lived here once
Walk quietly through these rooms.
The lost sound of days gone by
Resounds in ears like the call for prayers.

I have come in my own home like a guest.
I'll stay here for a few days, then leave.
The sorrow of parting will fade away slowly.
Who knows when I'll come here again?

Every stone is a stone of reproach,
Every writing on the wall is a curse to me.
Once I promised fidelity to them:
The same walls and doors look at me in disbelief.

45 चिराग़

टिमटिमाते हैं तेरी याद में यूँ दिल के चिराग़
जैसे मंज़िल का पता देते हैं साहिल के चिराग़
आज पहले से भी दिलकश है तसव्वुर तेरा
दूर से कितने भले लगते हैं मंज़िल के चिराग़
बढ़ चले दर्द के साए, शब–ए–हिजराँ से कहो
दीद–ए–तर में जलाए तेरी महफ़िल के चिराग़

45. Lamps

Remembering you,
The lamps of my heart flicker
Like the lights on the shore,
Beacon towards the port.

Your memory today
Is more enchanting than ever.
How beautiful are the lamps of journey's end,
Shining in the distance.

Now the shadows of grief lengthen;
Let the night of separation again
Kindle my tears with the lamps
That burned in your company.

‘नुक़्ता–ए–मौहूम’ से

(1983–1999)

46 ज़ेबा के नाम

मेरे ग़म–ए–पिन्हाँ का इन्हें सोज़ मिला है
ये मेरे तब–ओ–ताब–ए–शबाना की फ़ुगाँ हैं
इक चीख़ हैं पसगश्ता मेरे कोह–ए–अलम की
मेरे हरम–ए–मेह्‌र–ओ–मोहब्बत की अज़ाँ हैं
मैंने उन्हें बख़्शा है धुँधलकों का सरापा
ये मेरे सुलगते हुए सूरज का धुआँ हैं
हैं जाम–ए–हक़ीक़त में मेरा अक्स–ए–तमन्ना
इक साए की सूरत मेरे क़ालिब में निहाँ हैं
मैं शम्अ सिफ़त बज़्म में जलता हूँ अकेला
ये अश्कों में ढल कर मेरी आँखों से रवाँ हैं
लाया हूँ तुझे देने को ये हदिया–ए–अशआर
क़ीमत तेरे एहसाँ की मगर कौन–ओ–मकाँ हैं

46. For Zeba

She has the vexation of my hidden sorrow;
She is the cry of the dazzle of my nights.

She is the echo of the mountain of my pain;
She is the call for prayers in the ka'aba of my love.

I have moulded her in a haze;
She is the smoke of my smouldering sun.

She is the mirror of my desire in the cup of reality;
She hides in my heart like a shadow.

Like a candle, I burn alone in the party;
She flows like tears from my eyes.

I have brought these verses as a gift to you,
But the price of your kindness is both the worlds.

47 अपनी साठवीं सालगिरह पर

देखते–देखते ये उम्र कटी जाती है
और मैं अपने मह–ओ–साल गिना करता हूँ
जैसे ये भी कोई सरमाया हो
जिसे मेहनत से पसअन्दाज़ किया है मैंने
जा चुके साठ बरस
कितने बाक़ी बचे मालूम नहीं
वक़्त हर साँस का तावान लिया करता है
लम्हे–लम्हे का हिसाब
और हस्ती का शाऊरी एहसास
एक संगीन अज़ाब
साठ कीलों की तरह
उम्र के साठ बरस
एक दिन आएगा सब कीलें निमट जाएँगी
और इक तल्ख़ सदा गूँजेगी
अब ये ताबूत हमेशा के लिए बन्द करो
रोज़–ए–अव्वल से अजल के दिन तक
ज़िन्दगी की कोई जानी हुई मेआद नहीं
तूली–ए–उम्र की किरदार से पैमाइश है
और इन्सान का काम
ख़त्म हो जाए तो इन्सान भी मर जाता है
आज भी लोग फिरा करते हैं
कितने बेनाम जज़ीरों की हवस दिल में लिये
रेत पर आज भी बच्चों ने बनाए हैं महल
और मौजें इन्हें आ–आ के बहा देती हैं
मैं भी इक कूदक–ए–नादाँ हूँ, समन्दर के किनारे बैठा
सीपियाँ चुनने में मश्ग़ूल रहा करता हूँ
और दिन है कि ढला जाता है

47. On my sixtieth birthday

My life passes by in front of my eyes,
And I keep counting my months and years,
As if it were my savings
That I have collected with great effort.
Sixty years have gone by;
How many more to go, I wonder.
Time takes its price for every breath,
Toll for every moment.
The awareness of existence:
All add up to misery.
Sixty years
Are like sixty nails.
A day will come
When all nails will be spent,
And a bitter call will come forth:
Now shut the coffin forever.
From the First Day to the Last,
There is no fixed measure for life.
The length of one's life
Is measured by his character.
When a man's work is finished,
The man dies.
Even today, men wander
In lust of unknown islands.
Today also, children have made sand-castles,
But waves take them away.
I am also an innocent child,
Sitting by the sea-shore,
Collecting seashells
And the day keeps passing by.

48 बर्फ़ का आदमी

बर्फ़ गिरती है और बच्चों ने
बर्फ़ का आदमी बनाया है
हो गया है सफ़ेद हर मंज़र
हर तरफ़ इक सुकूत छाया है

वो अकेला खड़ा है मैदाँ में
ग़ैरमानूस, अजनबी, गुमनाम
उसकी आँखें फ़ज़ा में तकती हैं
बेनवाई है उसका तर्ज़–ए–कलाम

एक जिन्स–ए–फुज़ूल उसका वजूद
ज़िन्दगी उसकी बाज़ी–ए–तिफ़्लाँ
बेतुका सा लिबास पहने हुए
सब की ख़ातिर मज़ाक़ का सामाँ

सर्दि–ए–रोज़गार ख़ू उसकी
आई बाद–ए–शिमाल रास उसे
शल हुई रूह उसकी जाड़े से
जैसे जाती रही हो आस उसे

फिर भी उसको ख़याल आता है
काश अब ये समाँ बदल जाए
उस पे ख़ुरशीद की निगाह पड़े
और उस का बदन पिघल जाए

48. Snowman

The snow falls.
Children have made a snowman.
The landscape is all white.
There is quiet everywhere.

He stands alone in a field,
Alien, stranger, anonymous.
His eyes stare into space.
His mode of speech is silence.

His existence is quite worthless.
His life, fun for children.
Dressed in absurd clothes,
He is a joke to everyone.

He is used to the coldness of the world.
The north wind suits him well.
The winter has frozen his soul,
As if hope has forsaken him.

He still wishes, however,
For the weather to change,
For the sun to cast a glance on him,
And melt his being.

49 युकलिप्टस के पेड़

युकलिप्टस के दरख़्तों में हवा चलती है
उनके लाग़र से बदन हिलते हैं
कोई पढ़ता हो वज़ीफ़ा जैसे
और उस पार खड़े हैं कोहसार
हाथ थामे हुए घेरा बाँधे

शाम के साए बढ़े आते हैं
पेच खाए हुए सब रास्ते मादूम हुए
सुबह के निकले हुए चरवाहे
अपने गल्लों को लिये लौटेंगे
बत्तियाँ गाँव की जल जाएँगी
और ये पेड़ हिले जाएँगे
कोई पढ़ता हो वज़ीफ़ा जैसे

49. Eucalyptus trees

The wind blows
through the eucalyptus trees;
Their thin bodies sway
As if chanting a prayer,
And the mountain ranges,
Holding their hands,
Circle them.

Evening shadows keep lengthening;
Winding pathways
begin to disappear from sight.
Shepherds, out since the morning,
Will return home with their stock.
Lamps will light up in the village,
And these trees will keep swaying,
As if chanting a prayer.

50 दिसम्बर के महीने में

धुएँ ने ढाँप रक्खा है दरख़्तों को
थके से दिन गुज़रते हैं
किरन कोई दरीचों को नहीं छूती
ये कमरे आज सूरज को तरसते हैं

तसव्वुर बैठ कर अब ख़्वाब देखेगा
ख़याल आएगा दिल में गर्म मुल्कों का
बहुत बरसों के बिछड़े दोस्त फिर से याद आएँगे
किताबें पढ़ के दिन काटेंगे, मंसूबे बनाएँगे

वो सब्ज़ाज़ार वो बच्चे
वो बेफ़िकरी के माह–ओ–साल की चीख़ें
कहाँ गुम हैं
ज़मीं पर मुर्दा पत्ते कल की पिघली बर्फ़ से तर हैं
ख़मोशी की सदाएँ, मौत की खुशबू
घुटन अश्कों की सीने में
शजर जैसे गए मौसम के ढाँचे हों
दिसम्बर के महीने में

50. In the month of December

The mist has hidden the trees;
The days pass exhausted;
No sunbeam touches the windows;
The rooms long for sunshine.

The mind will lounge around dreaming;
The memory will go looking for tropical lands;
We shall remember friends, long departed;
And pass the days, reading books, making plans.

The grass-green parks and those children,
Those spontaneous shout of carefree years:
Where have they gone?
Dead leaves on the ground
Are soaked with yesterday's snow.
The sound of silence, the fragrance of death,
The smothering of tears in the chest,
Trees, skeletons of past seasons:
All in the month of December.

51 नक़ली फूल

मैंने जब पहले–पहले देखा था
ये मुझे कितने भले लगते थे
तुमने गुलदान में रक्खा था इन्हें
थी मेरे कमरे की ज़ीनत इनसे

और अब थक गई आँखें मेरी
देखते–देखते सूरत इनकी
ये महकते हैं न कुम्हलाते हैं
दिन इन्हें छू के गुज़र जाते हैं

काश मौसम की अमलदारी में
ये भी पाबन्द–ए–तग़य्युर होते
ये भी खिलते तो कोई चुन–चुन कर
गूँथता इनकी लड़ी जूड़े में
और जब इन पे ख़िज़ाँ आ जाती
फेंक देता मैं इन्हें कूड़े में

51. Fake flowers

When I first saw them,
How wonderful they looked.
You had put them in a vase.
They lit up my room.

Now, my eyes are bored
With their sight.
They neither perfume, nor wither.
The days just go past them.

I wish that in the scheme of seasons,
They too were subject to change.
When they blossomed,
You'd pick them bud by bud
To adorn your hair.
And when they are overtaken by autumn,
I would throw them out with the waste.

52 ख़ुश्कसाली

घास मरने लगी, पेड़ों के भी चेह्रे उतरे
धूप ने आग जला रक्खी है
मुद्दतें हो गईं आया नहीं कोई बादल
दिल ने बारिश के लिये आस लगा रक्खी है

लोग कहते हैं कि सूखा नहीं देखा ऐसा
मैं भी मग़्मूम रहा करता हूँ
मैंने ये फूल लगाए थे बड़ी मेहनत से
इनकी ख़ातिर मैं डरा करता हूँ

अब मेरे बाग़ के हर गोशे में
झाड़ झंखाड़ उगा करते हैं
खुश्कसाली इन्हें रास आई है
और पौदे हैं कि पानी के बग़ैर
एक–इक कर के मरा करते हैं

52. Drought

The grass is dying, and trees are also pale-faced.
The sun has set everything on fire.
It`s been long since a cloud appeared.
I am hoping for the rain.

People say that
They have never seen a drought like this.
I also feel sad.
I had planted and tended
These flowers with care;
Now I am afraid of their fate.

Now, in my garden
Only weeds grow;
The drought suits them,
But the flowers without water
Are dying one after another.

53 **टेलीफ़ून**

शाम की मुरझाई–मुरझाई सी मद्धम रौशनी में
खिड़कियों के उस तरफ़ वो साल–ख़ुर्दा सर्द चेह्रे
सामने टीवी को धुँधलाई हुई आँखों से तकते
हर बशर छोटी सी इक दुनिया–ए–तन्हा
बच्चे बढ़ कर अपने–अपने रास्तों पर जा चुके हैं
दूरी–ए–जा ढूँढ़ते हैं
और दिल के फ़ास्ले भी बढ़ गए हैं
सिर्फ़ टेलीफ़ून ही वाहिद ताअल्लुक़ रह गया है

एक दिन शाम आएँगी उनके लिए भी
जब वो खिड़की के इधर बैठेंगे ढलती रौशनी में
उनके बच्चे भी बड़े हो कर कहीं पर जा बसेंगे
और जब टीवी से वो पीरानासाल आँखें थकेंगी
उनके दिल में एक नामालूम टेलीफ़ून की घंटी बजेगी
और वो बजती रहेगी

53. Telephone

In the wilted and fading light of the evening,
Two time-bitten faces,
Sitting on the other side of the window,
Watch TV with strained eyes.
Every person is a lonely world in himself.
The children have grown up and left the nest,
Seeking a distance from their parents,
And the distances between hearts
Have grown even more.
The telephone is the only mode of communication.

One day, an evening will arrive for them as well,
When they will sit on the other side of the window
In the fading light of the evening.
Their children, having grown up,
Will have settled somewhere else.
And when their aged eyes are tired of the TV,
The bell of an unknown telephone
Will ring in their hears,
And it will keep ringing.

54 पार्क की एक शाम

चूं पीर शुदी हाफ़िज़ अज़ मैकदा बैरूँ शो
रिन्दी व हवस–नाकी दर अह्द–ए–शबाब औला
(हाफ़िज़[30])

शाम आहिस्ता से दबे पाँव बढ़ी आती है
फ़ाख़्ता कोई कहीं गाती है
सर उठाए हुए इस्तादा सनोबर के दरख़्त
गुनगुनाते हुए चश्मे की सदा–ए–शीरीं
आज फिर बेंच पे बैठा हुआ चोरी–चोरी
देखता हूँ मैं कनखियों से उसे
उसके आज़ा की कमीं गाहों में
दिल मेरा रास्ता भटका हुआ इक राही है
मुस्करा कर वो शिनासाई का इज़्हार करे
या बहाने से मुझे माएल–ए–गुफ़्तार करे
आह ये ख़ामख़याली मेरी
उम्र कहती है के ये बुलहवसी ठीक नहीं
छोड़ अब हुस्नपरस्ती का चलन
ज़ेब देता नहीं पीरी में ये मस्ती का चलन
वक़्त का हाथ तेरे सीने पर
एक पत्थर की तरह भारी है
दिल मगर चुपके से बहलाता है
तेरी आँखों की दोआओं का जवाब आया है
उस के हमराह तिरा ऐह्द–ए–शबाब आया है

---

30 Shamsuddin Mohammad Hafiz Shirazi (d. 1390) is geberally regarded as the greatest lyrical poet of Persia.

54. An evening in the park

O Hafiz, now that you are old, come out of the tavern;
Lust and debauchery suit only the youth.
(Hafiz)

The evening arrives stealthily;
A ring-dove sings somewhere;
Pine trees stand tall;
The humming stream sounds sweet.
Again, sitting on a bench,
I look at her surreptitiously;
My heart is a traveller
Lost in the lurking places of her limbs.
She will smile to acknowledge our acquaintance,
Or speak to me on some false pretext:
O my simplemindedness!
The age tells me that such lust is not appropriate;
Leave the ways of worshiping beauty;
The ways of the young don't suit old folks.
The hand of time on your chest
Weighs heavy like a stone.
But my heart consoles me quietly:
This is the answer to the prayers of your eyes,
With her has come your youth.

55 दिन की मौत

डूबते ख़ुर्शीद ने अपनी निगह–ए–वापसी से
इक नज़र पेड़ों को देखा
जो खड़े थे सर झुकाए
और फिर वो छुप गया टीलों के पीछे
एक ठंडी साँस ले कर
दिन की ज़ेर–ए–लब सदाएँ
थरथराती हैं हवा में
शह्र की सड़कों के पथरीले क़दम अब थक चुके हैं
टिमटिमाते हैं दरीचे
सुब्ह के निकले हुए वापस फिरे हैं
हैफ़ उस पर जिसका कोई घर नहीं है

कितने अर्मानों से मैंने उसको आँखों पर बिठाया
दिल ने कितनी बार उसकी मौत पर आँसू बहाए
मैं गुज़रने वाले दिन का नौहागर हूँ
आज भी मैं उसके ग़म में बेसर–ओ–सामाँ रहूँगा
और जिस दम ताइरों के क़ाफ़िले लौटेंगे अपने मसकनों से
मैं उसे कफ़ना के अपनी हसरतों में
दफ़्न कर आऊँगा उन ऊँचे मकानों के परे, जिनकी छतों को
शब के साए चूमते हैं

55. Death of a day

With its dying eyes,
The setting sun casts a glance
Towards the bowed heads of the trees,
And then with a cold sigh
Hides itself behind the low hills.
Subdued voices of the day
Still quiver in the air.
Stony feet of the city roads are tired.
Windows flicker.
Those who set out at dawn
Return home.
Woe to him who has no home.

O how lovingly did I cherish it;
How often did my heart shed tears at its leaving:
I am the mourner of the day gone by.
Again I shall remain disconsolate, grieving,
And when the birds return to their nests,
I shall wrap it in the shroud of my desires,
And bury it beyond the tall houses,
Whose roof-tops kiss the shadows of the night.

56 बुलावा

कल रात बादलों को उड़ा ले गई हवा
हर सिम्त आसमान पे तारे बिखर गए
जैसे किसी के हार के मोती बिखर गए
महताब का हिजाब उड़ा ले गई हवा

बच्चों से खेलती हुई आई वो बाग़ में
सेबों के बारदार दरख़्तों की ले के आड़
करती रही गुलाब के पेड़ों से छेड़–छाड़
साँसों में इक महक सी बसा ले गई हवा

वो मौज–ए–शेर–ओ–नग़्मा थी या साज़–ए–मर्ग थी
हर एक के लिये थी ब–हर हाल चारागर
थी उससे गरचे मेरी मुलाक़ात मुख़्तसर
कब आओगे, ये कह के बुला ले गई हवा

56. Summons

Last night the wind took away the clouds,
Scattering stars on the sky everywhere,
As if pearls of someone's necklace are scattered.
The wind took away the veil of the moon.

It came in the garden, playing with the children.
Hiding behind the laden apple trees,
It kept flirting with the rose bushes:
The wind perfumed my breaths.

Whether it was a clamour of songs,
Or a message of death,
It carried a message for everyone.
Although our acquaintance was only brief,
The wind invited me by saying:
So when are you coming?

57 सदाएँ

रात में
बरसात की बूँदों की गत
मौजों का कोरस
रेल की सीटी
मुसलसल
दो दिलों की एक धड़कन
और
ख़ामोशी

57. Sounds

In the night,
The beat of the raindrops;
The chorus of the gusts of wind;
Whistles of railway enginees;
Perpetual
Single heartbeat of two hearts,
And
Complete silence.

58 एक नन्ही आवाज़
(बेदार बख़्त के लिये)

मुझे एक नन्ही सी आवाज़ ने आ जगाया
कि जैसे बराबर कहे जा रही हो
उठो सुबह की रौशनी चढ़ चुकी है
ये शीशम के पत्तों को छूते हुए नर्म झोंके
ये बूँदों की चेचक के गहरे निशाँ
गर्द–आलूद पगडंडियों पर
ये उड़ते हुए नीले–नीले कबूतर
मगर तुम अभी तक पड़े सो रहे हो

मैं उठता हूँ
जल्दी से चेहरे पे पानी के दो–चार झपके छटक कर
निकलता हूँ घर से
लगातार मन्दिर का घंटा बजे जा रहा है
गुज़रती है नज़दीक से सोई–सोई सी इक रेल गाड़ी
अभी बौर आया नहीं आम पर
लेकिन दूक भीनी–भीनी सी बेनाम खुशबू
फ़ज़ाओं में फैली हुई है

सनोबर के पेड़ों पे अब बर्फ़ गिरती है
जो मेरी जाती हुई उम्र का आईना है
झलकती है जिससे मिरे साल–ओ–सिन की सफ़ेदी
मेरी याद की धूप कोह्रे में लिपटी हुई है
यही सोचता हूँ अभी और कुछ देर आराम कर लूँ
मगर गाह–गाह एक नन्ही सी आवाज़ कहती है
तुम कब तलक यूँही सोते रहोगे

58. A tiny voice

(For Baidar Bakht)

A tiny voice woke me up,
As if reminding me perpetually:
Get up, it's morning already.
Soft gust of wind are blowing through
The *sheesham* leaves;
The dew has left pock-marks
On dusty pathways;
These bluish pigions are flying around:
And you are still sleeping.

I get up, splash my face with water
And leave my house.
The temple bell is ringing non-stop.
A drowsy train passes nearby.
Flowers have not yet appeared on mango trees
But a mild fragrance has spread everywhere.

Snow falls on the pine trees,
Reflecting my passing life
That shows traces of the white
of my advanced years.
I want to relax a little more,
But a tiny voice keeps reminding me:
For how long will you keep sleeping?

59 कभी मैं नहीं, कभी तुम नहीं

रहे–ज़िन्दगी है रवाँ–दवाँ
 कभी मैं नहीं, कभी तुम नहीं
लिये जा रही है कशाँ–कशाँ
 कभी मैं नहीं, कभी तुम नहीं

मिरे रोज़–ओ–शब का ये हाल है
 न फ़िराक़ है, न विसाल है
मेरा तन यहाँ, मिरा दिल वहाँ
 कभी मैं नहीं, कभी तुम नहीं

ज़न–ओ–मर्द इकाई में बँट गए
 चलो सब हिसाब निमट गए
नहीं कोई हमदम–ओ–हमज़बाँ
 कभी मैं नहीं, कभी तुम नहीं

तग–ओ–दौ में वक़्त बसर हुआ
 जो बचा वो नज़्रे–ए सफ़र हुआ
कहाँ लुत्फ़े–सोहबत–ए–दोस्ताँ
 कभी मैं नहीं, कभी तुम नहीं

ये मेरा तुम्हारा जो साथ है
 फ़क़त इक दिखावे की बात है
ये है आज रस्म–ओ–रह–ए–जहाँ
 कभी मैं नहीं, कभी तुम नहीं

59. Either I am absent or you are not there

Life keeps going helter-skelter,
Either I am absent or you are not there.
Life tugs us along at its will,
Either I am absent or you are not there.

The fate of my nights and days
Is that I have neither union nor parting;
My body is here, my soul somewhere else:
Either I am absent or you are not there.

Men and women are divided into units.
Just as well, all accounts are settled.
There is no one to share one's feelings or thoughts:
Either I am absent or you are not there.

Some time was spent in struggles;
The remaining was lost in travels.
The company of friends is no longer there,
Either I am absent or you are not there.

This partnership between you and me
Is only for the show;
It is the custom of the world today;
Either I am absent or you are not there.

हम अगरचे एक ही जा रहे
मगर अस्लियत में जुदा रहे
हुई उम्र सर्फ़ जहाँ–तहाँ
कभी मैं नहीं, कभी तुम नहीं

Although we lived under the same roof,
In reality we were quite apart.
We spent our lives here and there;
Either I am absent or you are not there.

60 रौशनी

जब से बीनाई में कमी आई
यूँ लगा शाम–ए ज़िन्दगी आई
खिड़कियाँ टिमटिमाई आँखों की
दिल के हुज्रे में तीरगी आई
दर पे माजूरयों ने दस्तक दी
आजिज़ी सुन के हाँपती आई
अपने ऊपर धुएँ सी सूरत को
आईना देख कर हँसी आई
चलना–फिरना वबाल–ए–जान हुआ
लिखने–पढ़ने में बेबसी आई
गोशागीरी शरीक–ए हाल बनी
साज़गार इसकी दोस्ती आई
इस अँधेरे मकान में लेकिन
जब भी तुम आए रौशनी आई

60. The light

Ever since I lost my sight,
I felt like it was the evening of my life.
Windows of my eyes flickered,
A darkness descended
On the cubbyhole of my heart.
Helplessness knocked at the door,
Hearing which, humility
Came running down.
Seeing my own smoky face
In the mirror, I laughed.
Walking around became a chore,
Reading and writing became impossible tasks.
Hiding in a corner, my norm,
Became a friendly passtime.
But in my dark house,
Whenever you came,
You brought light with you.

‘सड़कों के चिराग़’ से

(1999–2005)

61 लैंडस्केप

बिछे हैं रंग की तर्तीब से तख़्ते गुलाबों के
सफ़ेद–ओ सुरमगीं, ज़र्द–और उन्नाबी
वहीं कुछ बत्तख़ें छोटे से इक तालाब में पानी पे बहती हैं
रवाँ हों बाद्‌बानी कश्तियाँ जैसे
डबल रोटी के टुकड़े फेंकती है उनको इक लड़की
वो उसकी सिम्त लेने को लपकती हैं
कभी कोई इधर वक़्तन–फ़वक़्तन आ निकलता है
ठहर कर बत्तख़ों को देखता है और अपनी राह लेता है
हवा में नर्मी–ओ–गर्मी
फ़ज़ाएँ साकित–ओ–सामित
सनोबर के दरख़्तों पर से कुछ बादल गुज़रते हैं

61. The landscape

The rose-beds are laid in order of their colours:
White and grey, yellow and maroon.
A few ducks float on the water of a small pond,
As if they are sailboats.
A girl throws pieces of bread to them,
And they rush towards her to grab the bread.
Someone passes by from time to time,
Stops to look at the ducks
And then takes his way.
The air is soft and warm,
The atmosphere is quiet and still.
A few patches of clouds
Float above the pine trees.

62 दरिया बहे जाएगा

पेड़ पानी पे झुके पड़ते हैं
और शाख़ों पे परिन्दे चुप हैं
कितने लम्बे ये मई के दिन हैं
लिये जाते हों जमाही जैसे
ऐ मेरे दिल, मेरे बुझते हुए दिल
सर्द हो जाएगा मुफ़लिस का चिराग़
साए घिर आएँगे हर गोशे में
सैर को आए हुए लोग पलट जाएँगे
दिन ढलक जाएगा, लेकिन दरिया
हस्ब–ए दस्तूर बहे जाएगा

62. The river will keep flowing

Trees bend over the water,
And birds are quiet on the branches.
How long are these days of May?
As if yawning perpetually,
O my heart, my fading heart.
The lamp of the poor will be extinguished,
Shadows will creep into every corner,
People out for a walk will return to their homes,
The day will pass, but the river
Will keep flowing as usual.

63 मैग्नोलिया के फूल

खम्भों पे, रास्ते के किनारे, खिंचे हुए
बिजली के तार पर
बैठी हुई है चैन से चिड़ियों की इक क़तार
पत्तों के साथ खेल में मशगूल है हवा
झोंकों की जुम्बिशें
मैपल की टहनियों को हिलाती हैं बार–बार
अँगड़ाई ले रही है सहर जागती हुई
सूरज की रौशनी से चमकते हैं बाम–ओ–दर
किरनें हैं बेक़रार
खिड़की के उस तरफ़
खिलने लगे हैं पेड़ पे मैग्नोलिया के फूल
था जिनका इन्तज़ार
इक साल और उम्र का आ कर चला गया
दर खटखटा के क़ासिद–ए मौसम ने दी सदा
आया है फिर लिये हुए गुलदस्ता–ए बहार

63. Magnolia flowers

On the electric wire,
Stretched between poles,
A row of birds sits peacefully;
The breeze is busy playing with the leafs;
Gusts of wind
Stir branches of the maple again and again;
The dawn stretches, as if to wake up;
The houses gleam in the morning-light;
The rays of light are restless.
On the other side of the window,
The long-awaited magnolia flowers
Are beginning to blossom.
Another year of my life has gone.
The messenger of the season
Knocks on my door,
Carrying yet again,
The gift of the bouquet of the spring.

64 ख़ाली हाल

हाल लोगों से भरा है
वो गिरोहों में खड़े आपस में बातें कर रहे हैं
शोर–ए नामफ़हूम इक सैलाब बन कर मौजज़न है
सब वहाँ इक दूसरे को जानते हैं
सिर्फ़ मैं ही अजनबी हूँ
उनकी बातें दूर हैं मेरी समझ से
और उनके ढंग भी नाआश्ना हैं
मैं खुदा जाने वहाँ क्यों और कैसे आ गया हूँ
दिल में आता है चला जाऊँ मगर मुमकिन नहीं है
मैं किसी को ढूँढ़ता हूँ
जो मुझे पहचानता हो
और वो भी ढूँढ़ता हो
आह लेकिन हाल ख़ाली है, वहाँ बस मैं ही मैं हूँ

64. The Empty hall

The hall is full of people,
Divided into groups,
Talking among themselves.
A flood of incomprehensible clamour
Rages by.
They all know each other.
Only I am the stranger.
Their discussions are beyond me,
And their manners are also alien to me.
God knows how and why I came here.
I want to leave, but it is not possible.
I look for someone
Who knows me
And searches like me.
But alas, the hall is empty.
There is only me in the hall.

65 बुढ़ापा आ चुका है

बुढ़ापा आ चुका है और बर्फ़ीली हवाओं में
ठिठरते दिन हैं, कम्बल–पोश रातें हैं
गुनूदा, झपकियाँ लेते हुए लम्हे
परीदा रंग आवाज़ें
गुबार आलूद बीनाई
हुरूफ़–ओ सौत, ख़ामोशी
बस अब हर सू धुँधलका ही धुँधलका है

गिरे जाते हैं पत्ते शाख़्सार–ए ज़िन्दगानी से
हवा का एक ही झोंका उड़ा ले जाएगा इनको
जवानी खुदफ़रामोशी थी, ग़फ़लत थी
जिसे हम उम्र–ए लाफ़ानी समझते थे
बुढ़ापा ज़िन्दगी की फ़ुरसत–ए महदूद से हुश्यार करता है
दिल–ए मुन्किर को चलने के लिए तय्यार करता है
नफ़स की आमद–ओ शुद अब भी बाक़ी है
अगरचे वक़्त की रफ़्तार भारी है
अभी खिड़की से छन कर धूप की किरनें
सर–ए–दीवार तस्वीरें बनाती हैं
अभी फूलों की खुशबूएँ
हवा के साथ आती हैं
अभी उड़ती हुई चिड़ियाँ
सवेरे ही सवेरे आ जगाती हैं
अभी मेरे लिए तेरी निगाहों में वही पहली मोहब्बत है
जवानी जा चुकी लेकिन बुढ़ापा फिर भी नेमत है

65. The old age has arrived

The old age has arrived,
And the cold wind has brought with it
Shivering days, blanket-wrapped nights,
Drowsy moments,
Voices with fleeting colours,
Cloudy eyesight,
Words and sounds, silence:
Now there is fog everywhere.

Leaves keep falling from the branch of life.
Just a gust of wind will fly them away.
The young age was nothing
But self-deception and ignorance,
That we regarded as eternal.
The old age reminds us
Of our limited respite,
Readies our denying heart for the journey.
Breaths are still there,
Although the time does weigh heavy.
Rays of light filtering through the window
Still make pretty pictures on the wall.
The air still brings with it
The fragrance of flowers.
Flying birds
Still awaken me early in the morning.
Your eyes still have the same old love for me.
The youth is gone,
but the old age is still a blessing.

66 पानी बरस रहा था

दो रोज़ हो चुके थे
पानी बरस रहा था
आते थे घिर के बादल
सब रास्ते थे जल–थल
बूँदों की छत पे हल–चल
परनाला चल रहा था
मौसम बदल रहा था

मैं घर पे था अकेला
कैसी वो बेदिली थी
बिखरी हुई थीं चीज़ें
हर सिम्त अब्तरी थी
जूते इधर पड़े थे
टोपी उधर पड़ी थी
आँखों से जैसे आँसू
बरसात की झड़ी थी
दिल भी तरस रहा था
जिस दिन से तुम गई थीं
पानी बरस रहा था

66. It was raining

It had been for two days;
It had been raining;
The roads were all under water.
The raindrops were drumming the roof,
Water-spouts on the roof
Were running full;
The season was changing.

I was alone at home,
With a saddened heart.
All things were scattered,
There was disorder everywhere:
Shoes lying here,
The cap dropped there.
Tears were flowing from my eyes
Like the rain.
My heart was longing too.
Since the day you left,
It had been raining.

67 सड़कों के चिराग़

चिराग़ सड़कों पे जल चुके हैं
टहलने वाले टहल चुके हैं
ये रास्ते हम को जानते हैं
हम इन पे हर रोज़ चल चुके हैं
मगर ये लगते हैं अब नए से
हमारे दिन भी बदल चुके हैं
चलो क़दम तेज़ तर बढ़ाएँ
कि दिन के आसार ढल चुके हैं

67. The roadside lamps

The roadside lamps have been lit.
People have finished their walk.
These roads know us well:
We have walked on them everyday,
But now they appear somewhat new.
Our days have also changed.
Come, let's walk faster,
The day is about to finish.

68 ...और गाना ख़त्म होता है

लड़कपन का ज़माना था
उसे देखा था मैंने एक जल्से में
वो किस सज–धज से आई थी
बनारस की मुतल्ला रेशमी साड़ी
चमकते क़ीमती ज़ेवर
मोअम्मर हो चुकी थी, पर क़राएन से ये लगता था
रही होगी हसीं अपनी जवानी में
गले में अब भी वो आतश–नवाई थी
कि उसको सुन के दिल में फुलझड़ी सी छूटने लगती
ग़मआलूदा सुरों में उसने फ़ानी की ग़ज़ल छेड़ी
वो जब इस शेर पर पहुँची:
"सुने जाते न थे तुम से मिरे दिन–रात के शिकवे
कफ़न सरकाओ मेरी बेज़बानी देखते जाओ"
तो मजमा झूम–झूम उट्ठा
मेरी धुँधलाई यादों में वो मंज़र अब भी ज़िन्दा है
न जाने उस पे क्या गुज़री
कसी से मैं अगर बिलफ़र्ज़ उसका नाम लेता हूँ
सवालअमेज़ नज़रों से वो मेरी सिम्त तकता है
गुज़श्ता नक़्श कितने ही ज़माने ने मिटा डाले
न वो इन्सान ज़िन्दा हैं, न वो घर–बार बाक़ी हैं
तरीक़–ए–ज़िन्दगी बदला, मज़ाक़–ए फ़िक्र–ओ फ़न बदले

68. ...and the song ends

Those were my childhood days,
When I saw her in a concert.
She was all dressed up
In a silk Benarasi sari with gold thread-work;
Shiny expensive jewellery.
She was getting on in years,
But you could tell
That she must have been a beauty in her youth.
She still had such fire in her voice,
That her listeners were beside themselves.
When she reached the verse:
"You could not listen to my perpetual complaints;
Now remove the shroud from my face
And see my tonguelessness,"[31]
The whole crowd became ecstatic.
That scene is still alive in my faded memories.
God knows what happened to her.
If I mention her name to someone,
He looks at me with questioning eyes.
The time has erased many past images.
Those people are no longer there,
Nor the housesnor surroundings.
The way of life has changed along with tastes.

---

[31] Ghazal verse of Faani Badayuni (1879-1941).
तुम फूलों की बात कहो

ख़यालों में ग्रामोफ़ोन पर कोई पुराना गीत बजता है
अचानक चौंक पड़ता हूँ
मुझे महसूस होता है कि जैसे गायिका अपनी बक़ा का हक़ जताते हो
वो जैसे जानती हो लोग उसको भूल जाएँगे
न जानेंगे कि उसका नाम क्या था, मशग़ला क्या था
सदा आती है: मैं हूँ जानकी बाई
इलाहाबाद वाली, और इसके साथ गाना ख़त्म होता है

When an old record plays
On the gramophone of my memories,
I am startled.
I feel that the singer is asserting her existence,
As if she know that people will forget her;
They will neither remember her name, nor her art.
A call is heard: It's I, Janki Bai
Of Allahabad[32], and the song
finishes with the announcement.

32 Janki Bai of Allahabad (1875-1934) was one of the 'nautch girls' whose songs were among the earliest to be recorded on 78 RPM records; she was also known as *Chhappan Chhuri*.

69 वारदात

पोखर ढँकी हुई है सिंघाड़े की बेल से
फैला हुआ किनारे पे आमों का बाग़ है
आमों के पेड़ लाए हैं पत्ते नए–नए
बरसात आ गई है बड़ी धूम–धाम से
बादल घिरे हुए हैं, हवा भी बदल गई
पानी की रेल पेल से मैदान भर गए
बगलों की टोलियाँ हैं इकट्ठी इधर–उधर
सारस भी तीन–चार उठाए हुए हैं सर
चलता हूँ मैं थका–थका खेतों की मेंड़ पर
रखता हूँ एक–एक क़दम तोल–तोल कर
जाते हैं मेरे दोनों बड़े भाई पेश–पेश
बन्दूक़ हाथ में लिये, बस्ती के पार से
दिन भर के बाद लौट रहे हैं शिकार से
भूले हुए ज़माने की ये वारदात है
बचपन मेरा रहा न मेरे भाई ही रहे
ऐ उम्र–ए–पुरशिताब तुझे कब सबात है
हसरत नहीं, मगर मुझे हैरत जरूर है
यूँ लग रहा है जैसे अभी कल की बात है

69. An incident

The pond is covered by the water-chestnut creepers;
On the shore lies a mango orchard;
The *jaman* trees have grown new leafs.
The rainy season has come with a fanfare;
The sky is overcast, and the air has changed too.
There is water everywhere, the fields are flooded.
Flocks of bagle have gathered here and there.
A few storks are also standing with their heads raised.
I walk on the dykes of the fields,
Taking every step carefully.
Ahead of me are my two brothers,
Carrying guns in their hands.
We are returning home after hunting all day.
This is an incident of forgotten days.
My childhood is gone along with my brothers.
O my fleet-footed age, you are not for ever;
I am not complaining, but I am quite surprised:
It seems like it happened yesterday.

70 एक मामूली इन्सान

सोचता हूँ कि मिरी उम्र–ए रवाँ की किश्ती
अब किनारे के क़रीब आ पहुँची
कौन सा मैंने बड़ा काम किया
शोह्रत–ए आम की किस दौड़ में बाज़ी जीती
वक़्त से मारका आराई में क्या नाम किया
शायरी की, मगर एज़ाज़ के लायक़ न हुआ
न मिली इल्म के मैदाँ में फ़ज़ीलत मुझको
माएल–ए किज़्ब–ओ रिया थी न तबीयत मेरी
खुश न आई कभी भूले से सियासत मुझ को
ज़िन्दगी कहने को बेसूद कटी
फिर भी क़िस्मत से नहीं कोई शिकायत मुझको

कामयाबी पे किसी की न मुझे रश्क आया
न किसी ने भी मुझे चश्म–ए हसद से देखा
एक गुमनाम से हो सकता है खतरा किसको
किसने ऐसे को भला नियत–ए बद से देखा
गोश–ए अम्न में आसूदा–ओ दिल शाद रहा
शुक्र है कीन–ए दुनिया से मैं आज़ाद रहा

70. An ordinary man

I think that the boat of my fleeting age
Has now reached the shore.
What big achievements have I made?
What have I won in this rat-race?
What name did I earn in this battlefield of life?
I did write poetry, but was not worthy of honours;
In the field of knowledge, I earned no distiction.
I was never inclined to lies and cheating,
And I never liked the field of politics.
One can say that my life was useless,
But I have no complaint to my fate.

I was never envious of anyone's success,
Nor did anyone see me with envy.
How can anyone fear a name-less person?
I am happy and content in my peaceful corner.
I am grateful to have been spared
the malice of the world.

71 टूटा हुआ तारा
(अली सरदार जाफ़री[33] की याद में)

फ़लक पर अनगिनत तारे
सदा जलते हैं बुझते हैं
घरों में बसने वाले जागते हैं और सोते हैं
मुसाफ़िर कूच करते हैं
मुसाफ़िर लौट आते हैं
बहुत से फूल खिलते हैं
बहुत से फूल झड़ते हैं
अँधेरा अपने गिर्द–ओ–पेश से बेफ़िक्र रहता है
मगर जब अनगिनत तारों के झुरमट से कोई तारा
अकेला टूट कर परवाज़ करता है
तो उसकी जगमगाहट तीरगी में रौशनी का तीर बनती है
मेरी इन जागती आँखों में बिजली कौंद जाती है
वो तारा छब दिखा कर जल्द ही अपनी चमक में डूब जाता है
अँधेरा फिर मेरी खिड़की के बाहर फैल जाता है

---

33 Ali Sardar Jafri (1913-2000) was a major Urdu poet.

71. The fallen star

(In the memory of Ali Sardar Jafri)

Countless stars on the sky
Have been twinkling and fading forever;
People sleep in their house
Wake up, then go to sleep again;
Travellers leave on their journey,
And eventually return home;
Many flowers blossom,
Many flowers wither;
The darkness remains unconcerned
with its surroundings,
But when a single star,
Breaks away from the countless stars
To fly by itself,
Its dazzle makes
an arrow of light in the darkness;
My waking eyes are jolted with lightning.
That star, after displaying its brilliance,
Is soon lost in its own darkness,
And then darkness engulfs
The scene outside my window.

72 पुराना रेकार्ड

ग्रामोफ़ून के भोंपू के आगे
वो कुत्ता अब भी बैठा सुन रहा है
गुज़ारी उम्र चक्कर काटने में
मुसलसल चलते–चलते थक गया है
सहे हैं सद्म–ए बेएह्तियाती
कि यकजा है मगर चटख़ा हुआ है
बराबर ठोकरें खाती है सूई
बजाता हूँ तो खट–खट बोलता है
मेरी बीवी को हैरत है कि मैंने
इसे अब तक हिफ़ाज़त से रखा है
बाज़ाहिर एक बेमसरफ़ सी शय है
मेरे नज़दीक लेकिन बेबहा है
किसी अगले ज़माने का ये रेकार्ड
मुझे पुश्तों से विरसे में मिला है

72. An old record

In front of the big horn of the gramophone,
A dog still sits and listens;
It has spent all its life going round in circles,
Now it is tired of perpetual motion.
The record has borne accidents of carelessness;
It is in one piece, but is cracked a little.
The needle stumbles again and again.
When I play the record, it ticks constantly.
My wife is surprized
That I have kept it safe for so long.
On the surface, it is a useless thing,
But for me it is priceless.
This record of olden times
Is my inheritance of many generations.

73 फूलों की बात

हर सू जब कोहराम मचा हो
तुम फूलों की बात कहो
नक़्क़ारों का शोर मचा हो
तुम फूलों की बात कहो

आए झोंके बहके–बहके
कोयल कूकी, पंछी चहके
गेंदा, बेला, जूही महके
तुम फूलों की बात कहो

मैंने उठ कर खिड़की खोली
नीम पे अब पक्की थी निबोली
पेड़ पे बैठी मैना बोली
तुम फूलों की बात कहो

कोई चलाए बरछी भाला
कोई बुने मकड़ी का जाला
कोई गोरा कोई काला
तुम फूलों की बात कहो

कौन बुरा है कौन अच्छा है
क्या झूठा है क्या सच्चा है
दुनिया इक गोरखधन्दा है
तुम फूलों की बात कहो

73. You talk of flowers

When there is clamour all around,
You talk of flowers.
When drums are beaten everywhere,
You talk of flowers.

Drunk gusts of wind blow;
The nightingale coos,
Marigolds and jasmine perfume:
You talk of flowers.

I got up to open the window;
The *neem* fruit is ripe;
The mina-bird chirps from a tree:
You talk of flowers.

Let someone use daggers and spears,
Let someone knit a web of intrigue;
Let someone be black or white:
You talk of flowers.

Who's bad and who's good;
What is true and what is false?
The world is an enigma:
You talk of flowers.

चाहे शोर–ओ–गुल हो भारी
बहरे हों ये सब नर–नारी
दब जाए आवाज़ तुम्हारी
तुम फूलों की बात कहो

Even if the clamour is loud,
Even if men and women are deaf,
Even if your voice is stifled:
You talk of flowers.

74 बुल–हसन की शादी[34]

मैंने ये वाक़ेआ सुना था कभी
अब भी जब उसको याद करता हूँ
आज के ख़न्दाकुश ज़माने में
उसकी शोख़ी से लुत्फ़ लेता हूँ
और रंगीनी–ए–तख़य्युल पर
वाक़ेयागो को दाद देता हूँ
था वो दिन बुल–हसन की शादी का
भीड़ इकट्ठी थी ख़ैर ख़्वाहों की
नाच–गाना था शादियाने थे
अच्छे–अच्छे लज़ीज़ खाने थे
लोग खा–पी के जब हुए फ़ारिग़
और खुश–गप्पियों का दौर चला
इत्तेफ़ाक़न ये हादसा गुज़रा
बुल–हसन की रियाह छूट गई
सब ने उसकी सदा सुनी, लेकिन
मेज़बाँ का लिहाज़ रखते हुए
बेनियाज़ी का ढोंग साध लिया
और बातों की धुन में महव रहे
बुल–हसन का मगर ये हाल हुआ
शर्म की कोई इन्तेहा न रही
गड़ गया ख़िफ़्फ़त–ओ–निदामत से
कुछ न सूझा सिवाय रूपोशी
एकदम छोड़–छाड़ कर हर चीज़
उसने तर्क–ए वतन क़ुबूल किया

---

34 Adopted from a tale of the *Arabian Nights*.

74. The marriage of Bulhasan

I heard this tale sometime ago.
Whenever I recall the tale,
Even in today's laughter-killing times,
I enjoy its hilarity,
And praise the storyteller.

It was the day of Bulhasan's marriage.
A crowd of well-wishers had gathered.
There was song and dance, and merriment
And tasty food too.
After the guests had finished their meal,
They busied themselves in lighter banter.
Just then an accident took place:
Bulhasan passed wind unitentionally.
Everyone heard the thunder,
But thinking kindly of the host,
Pretended to hear nothing,
And kept conversing as usual.
But Bulhasan was embarrassed beyond belief;
He could think of nothing
Except disappearing from the scene.
Leaving everything behind,
He undertook self-exile,
And kept wandering for ten years,
Roaming in streets of strange countries.

दस बरस तक वा जा–बजा घूमा
ख़ाक छानी पराए मुल्कों की
आख़िर इक दिन वो फिर वतन लौटा
सोचता था वो रोज़–ए नामसऊद
लोग अब तक भुला चुके होंगे
इक गली से गुज़र रहा था वो
देखा जाते हैं एक माँ–बेटी
माँ से बच्ची ने दफ़अतन पूछा
माँ मिरा कौन सा जनम दिन है
मैं निकलवाऊँगी शकुन अपना
माँ ने सुन कर कहा कि ऐ बेटी
तू ने उस रात आँख खोली थी
अपनी शादी के जश्न में जिस रात
बुल–हसन ने रियाह छोड़ी थी

जब सुने बुल–हसन ने ये अल्फ़ाज़
दर्द–ओ ग़म से दिल उसका भर आया
उसने आजुर्दा हाल हो के कहा
आह ऐ बुल–हसन रियाह तेरी
बन गई एक योम–ए–तारीख़ी
जो ज़माने में यादगार रहे

Then at last, he returned to his own country.
He was hoping that people
Would have forgotten that unfortunate day.
He was passing through a lane,
Where a mother and her daughter were walking.
The daughter suddenly asked her mother:
Mother, when is my birthday,
I want to have my fortune told.
The mother replied: my darling,
You came in this world
When Bulhasan passed wind
On the day of his marriage.

When Bulhasan heard these words,
He was overtaken by grief.
Disgusted, he told himself:
O Bulhasan, this fart of yours
Has now created a national day,
That will be remembered for ever.

75 शह्रज़ाद[35]

इस शबिस्ताँ में जहाँ इन्सान से दिल हो चुका है बदगुमाँ
और बदबीनी में करता है तलाश अम्न–ओ–अमाँ
वो उरूस–ए ख़ुश–बयाँ
कह रही है दास्ताँ दर दास्ताँ
उसकी हर शब आने वाली रात की तमहीद है
दास्तान–ए शब सुना चुकने के बाद
दूसरी शब के लिए इक वादा–ए उम्मीद है

ऐ हसीना दास्ताँ पर दास्ताँ पैहम कहे जाती है तू
हर दिल–ए ग़मगीन–ओ नाराहत को बहलाती है तू
ये शेआर–ए दास्ताँ–गोई तेरी तदबीर है
आदमी की बेवफ़ाई को भुलाने के लिये
ज़िन्दगी को नाउमीदी से बचाने के लिये
चाहती है तू कि मायूसी की शब टलती रहे
शम्मे तज्दीद–ए–तमन्ना सुब्ह तक जलती रहे

---

35 The female narrator of the *Arabian Nights*, known in Urdu as *Alf Leila*.

75. Scheherazade

In this night-land,
where man's heart is already suspicious,
And he looks for peace with bad intentions,
That sweet-talking bride
Tells tales within tales;
Her every night is a prelude
to the night to come.
After telling the tale of the night,
She has only a promise
of hope for the second night.

O ravishing beauty,
You keep telling tale within tale,
You console every sad heart;
This way of telling tales is your effort
To forget the infidelity of man,
To avoid the helplessness of life.
You want the night of deprivation to go away,
You want the lamp of the renewal of hope
To remain lit till the morning.

'हिज्र–ओ–फ़िराक़ की नज़्में[36]' से
(2002–2008)

---

36 This collection includes poems that Munbiur Rahman wrote in memory of his wife Elizabeth Mohr, who was born in Geneva, Switzerland, on December 6, 1926, and died in Ann Arbor, USA, on January 6, 2002. The above photograph of her tombstone shows that the poet has decided to be buried next to her.

76 ये शब–ए–तीरा–ओ–तार

अजनबी रास्ता, मंज़िल गुमनाम
हाथ थामे हूँ कि जाने से तुझे रोक सकूँ
आह लेकिन मेरी कोशिश बेकार
दिल मुसलसल ये कहे जाता है
रात तारीक है, मत जा, मत जा
जिस्म–ओ जाँ तेरे लिये तरसेंगे
दुख के बादल मेरी आँखों से सदा बरसेंगे
कौन उठाएगा मेरे दिल से ग़मों का अंबार
मैं भी मजबूर हूँ, तू भी मजबूर
बेसमाअत है मोहब्बत की पुकार
कितनी बेमेह्र है, कितनी बेनूर
ये शब–ए–तीरा–ओ–तार

76. The dark and gloomy night

Strange road, destination unknown;
I hold your hands,
trying to stop you from going.
Alas, my efforts are useless.
My heart keeps saying:
The night is dark, don't go, don't go,
My body and soul will long for you;
Clouds of pain will rain from my eyes
For ever.
Who will bear
the burden of grief in my heart?
I am helpless, just like you;
The call of my love remains unanswered.
How cruel and lightless
Is this dark and gloomy night!

77 फ़ाख़्ता

गर्मियों की अलकसी छाई हुई क़ैलूला करती दोपहर में
पेड़ पर इक फ़ाख़्ता बैठी हुई थी
और अपनी ग़मज़दा आवाज़ में नग़मासरा थी
धूप की तेज़ी, हवा में लू की गर्मी
बन्द कर के खिड़कियाँ कमरों की, अम्न–ओ आफ़ियत में
घर के सब छोटे–बड़े मेरे सिवा सोए हुए थे
कौन सी तासीर थी उसकी सदा में
नींद जिसने छीन ली थी
कान मेरे फ़ाख़्ता की ख़ुशनवाई पर जमे थे
जो बराबर गा रही थी
गर्मियों की दोपहर में

77. The ring dove

In the tired and napping afternoon of the summers,
A ring dove sat on a tree,
Singing a melody in its sad voice.
The sunshine was fierce and the wind was hot.
All folks in the house, except me,
Having closed all doors and windows
Were taking a nap.
I wonder what effect was there in its call
That robbed me of my sleep.
My ears were trained
On the sweet melody of the ring dove,
Which was singing perpetually
In the summer afternoon.

78 पैमान–ए–वफ़ा

पैमान–ए–वफ़ा बाँधा था मैंने तुझसे
छोड़ूँगा ना हरगिज़ तुझे मरते दम तक
ये अह्द निभाया मैंने
दुख–दर्द में, आराम में, आसाइश में
जिस हाल में देखा तुझको
मैं साए की मानिन्द तेरे साथ रहा
लेना था मेरा इम्तहाँ लेकिन तुझको
रुख़्सत हुई तो छोड़ के यादें अपनी
जो तेरे बग़ैर
बस तल्ख़ हैं, ज़ह्‌रीली हैं
अच्छा था अगर साथ इन्हें ले जाती
अब मुझको हमेशा के लिये
पैमान–ए–वफ़ा इनसे निभाना होगा

78. Promise of love

I made a promise of love with you:
That I will never leave you till my last breath.
I kept my promise
In good times and bad.
In every state that I saw you in,
I remained with you like a shadow.
But you had to test me!
When you left, you left with me
Your memories, bitter and poisonous.
It would have been good
If you had taken them with you;
Now I'll have to keep my promise
With them forever.

79 रेलों की सीटियाँ

रात के पिछले पहर
नींद आती नहीं, लेटा–लेटा
एक दो तीन से ले कर सौ तक
सैकड़ों बार गिना करता हूँ
सीटियाँ रेल की चिल्लाती हैं
मुख़्तलिफ़ ढंग की आवाज़ों में
और मैं जितने जतन करता हूँ
नींद आती नहीं आती ही नहीं
बेख़बर सोए हैं सोने वाले
और कुछ दूर जहाँ रेलवे स्टेशन है
सीटियाँ जाती हुई रेलों की
दम–बदम चीख़ती चिल्लाती हैं
और फिर छोड़ के तन्हा मुझको
रात के सर्द अँधेरे में चली जाती हैं

79. Whistles of railway engines

Late at night,
When I can't sleep,
Lying down I keep counting
From one to hundred,
Hundreds of times.
Whistles of railway engines cry
In sounds of different kinds.
No matter how hard I try,
I can't go to sleep.
People are in deep sleep,
And a little distance away,
At the railway station,
Whistles of passing railway engines
Cry and scream.
Leaving me alone,
They disappear into the cold darkness
Of the night.

80 चाबियों का गुच्छा

ये चाबियों का गुच्छा
जो मेज़ पर धरा है
है यादगार उसकी
जो आज लापता है
दरवाज़ा बन्द कर के
वो शख़्स जा चुका है
लौटेगा वो न हरगिज़
दरवाज़ा कह रहा है
ये चाबियों का गुच्छा
किस काम आ सका है
इससे न खुल सकेगा
जो क़ुफ़्ल अब लगा है

80. A bunch of keys

This bunch of keys,
Lying on the table,
Is a reminder of someone
Who is absent today.
Closing the door behind her,
That person has gone.
She will never return,
So the closed door says.
What is the use
Of this bunch of keys?
It can no longer open the lock
Now shut forever.

81 शाम–ओ–सहर के क़ाफ़िले

शाम–ओ सहर के क़ाफ़िले
छोड़ के अब गुज़र गए
कल जो सफ़र में साथ थे
आज वो हमसफ़र गए

चंद दिनों को आए वो
तोशा–ए राह लाए वो
घर से परे बसर हुई
एक दिन अपने घर गए

ज़ुल्मत–ए शब थी चारसू
ज़ोर–ए–हवा था कू–ब–कू
करती थी मौज हाओ–हू
फिर भी वो पार उतर गए

था कभी इक शजर यहाँ
जिसमें था एक आशियाँ
अब वो मकान क्या हुआ
उसके मकीं किधर गए

रात तमाम हो चुकी
गर्दिश–ए–जाम हो चुकी
बज़्म तितर–बितर हुई
लोग इधर–उधर गए

81. Caravans of nights and days

Caravans of nights and days
Have gone leaving me behind.
My travelling companions till yesterday,
Are there no more.

They came for only a few days
With provisions for the journey.
They lived away from their homes,
And one day they just returned back.

The darkness of night was all around;
Fierce wind was everywhere,
Howling loudly;
Still they sailed across.

There used to be a tree here,
With a nest in it.
Where has that abode gone
Along with its residents?

The night is all finished,
The cup is no longer passed around;
The meeting is scattered,
People have gone here and there.

वो जो रहे थे उम्र भर
जान से भी क़रीबतर
रिश्ते तमाम तोड़ कर
दूर से दूरतर गए

कौन किसी को रोकता
कौन किसी को टोकता
अश्क ना काम आ सके
शिकवे भी बेअसर गए

बारिश–ए माहताब थी
रात भी महव–ए ख़्वाब थी
मेरे ख़याल–ए कूचागर्द
खोज में दर–ब–दर गए

झूमती–झामती हवा
पत्तों की झांजनी सदा
उसके बग़ैर सब चमन
दिल को उजाड़ कर गए

शाख़ पे ये खिले कभी
ताक़ में ये सजे कभी
मैंने वो फूल चुन लिये
ख़ाक पे जो बिखर गए

All my life, they remained
Closer than even my life;
Now they have broken all bonds
And gone far, far away.

Who could have stopped whom?
Who could have checked whom?
The tears were of no use,
All complaints went to waste.

The moonlight rained,
The night was sound asleep;
My wandering thoughts
Went from door to door.

The swaying wind,
The ankle-bells of leafs,
And the whole garden
Left me in ruins without her.

Sometimes, they blossomed on branches,
Sometimes, they adorned the niches,
But I picked up only those flowers
That were scattered in the dust.

82 कितने ख़्वाबों में

कितने ख़्वाबों में तेरी शक्ल को ढाला मैंने
कितनी सुब्हो से लिया तेरा उजाला मैंने
महफ़िल–ए इश्क़ में जब रुख़्सत–ए दीदार मिली
कितने चेह्रों में तुझे ढूँढ़ निकाला मैंने
आतश–ए हुस्न मुझे पल में जला ही देती
कितने जल्वों के लिये खुद को सँभाला मैंने
जब किसी ने मेरी उल्फ़त की गवाही चाही
कितने दावे से दिया तेरा हवाला मैंने
हिज्र का ग़म दिल–ए मजबूर को सहना ही पड़ा
कितने हीलों से अगरचे उसे टाला मैंने
यूँ तो यादें हैं बहुत सी मेरे ग़मख़ाने में
कितने अरमाँ से तेरी याद को पाला मैंने

82. In many dreams

I moulded your image in many dreams;
I borrowed your light from many dawns.
When you were not there in the company of love,
I sought your face out from many other faces.
The fire of love would have burned me down;
I kept my senses despite many spectacles.
Whenever, someone asked for the proof of my love,
I gave your reference with all my confidence.
My poor heart had to bear the grief of parting,
Although I tried to console it with many excuses.
There are many memories in my sad storehouse,
But it was your memories that I fostered with hope.

83 रात गए

आ रही है किसी ताएर की सदा रात गए
कौन है आज ये दमसाज़ मेरा रात गए
ढूँढ़ती हैं किसी ग़मख़्वार को चीख़ें उसकी
अपने दिलबर से है क्या वो भी जुदा रात गए
पेड़ शमशाद–ओ–सनोबर के खड़े हैं जिनमें
आह भरती हुई चलती है हवा रात गए
दिल मेरा गोश बर आवाज़ है तारों की तरफ़
जाग उठी उनके तरन्नुम से फ़ज़ा रात गए
ज़ेह्न के गोशे में यादों की महक फैल गई
जैसे इक फूल चमेली का खिला रात गए
मेरे अश्कों ने जला रक्खी है हर शब की तरह
चश्म–ए–बेख़्वाब में ये शम–ए–वफ़ा रात गए

83. Late at night

I can hear the call of a bird, late at night;
Who shares my grief, late at night?

Its cries search for someone dear;
Has it also been parted from his companion, late at night?

Amongst the pine and cypress trees,
The wind blows, sighing, late at night.

My heart is all ears for the stars;
Their melody has made the night live, late at night.

The fragrance of memories perfumes my thoughts,
As if a jasmine flower blossoms, late at night.

My eyes light a lamp of love,
In my wakeful eyes, late at night.

84 पैरिस की रात

सेन[37] के उस पुल पे, पैरिस में जहाँ
रात बैठी थी उरूस–ए–नौशुगुफ़्ता की तरह
रंग–ओ–ख़ुशबू से सजी
मैंने पैमान–ए–मोहब्बत तुम से बाँधा था कभी
रौश्नी का शह्र, केफ़े, क़ैह्वा ख़ाने, मयकदे
रक़्स–ओ–मूसीक़ी, तरबगाहें, कसीनो, शोर–ओ–गुल, शबज़िन्दगी
हाथ थामे रात भर सड़कों पे हम घूमा किये
किसने किस से क्या कहा और क्या सुना
मुझ को भला कब होश था
कितनी मुद्दत हो गई इस बात को
और अब तुम भी नहीं
आज जब इन साअतों को दिल में दोहराता हूँ मैं
ढूँढ़ता हूँ मिस्ल इक अन्जुम शिनास
उन सितारों को जो आँखों की रसाई में नहीं
लेकिन इस कौन–ओ–मकाँ की हद्द–ए इमकाँ से परे
ज़िन्दा–ओ–पाइन्दा हैं

---

37 The River Seine in Paris, France.

84. The night in Paris

In Paris, on the bank of River Seine,
Where the night was languishing like a new bride.
Decked with colour and fragrance,
I made a promise of love with you.
In the city of lights, cafes, taverns,
Dance and music, pleasure houses, casinos, night-life,
We walked all night hand-in-hand.
Who said what to whom,
And what was listened,
I remember nothing.
It happened a long time ago,
And now even you are not there.
Today, when I repeat those moments in my heart,
I search like an astronomer
For those stars which are beyond my sight,
But live strong and kicking
Beyond the boundaries of space and time.

85 छह जनवरी की रात[38]

(छह जनवरी, 2005)

बर्फ़बारी हो रही है
वक़्त बेआवाज़ गुज़रे जा रहा है
तुम कहाँ हो
तुम कहाँ हो आज जब ये बर्फ़बारी हो रही है
तुमने जो पौदे लगाए थे, मिरी ग़फ़लत से वो सब मर चुके हैं
सिर्फ़ इक केक्टस बचा है
और इसमें फूल अब तक आ रहे हैं
रात कितनी जा चुकी है
बर्फ़ कितनी गिर चुकी है
और कितनी देर तक गिरती रहेगी
मैं यहाँ बैठा हुआ
कर रहा हूँ अपने पिछले तीन सौ पैंसठ दिनों का एहतेसाब
और माज़ी कह रहा है
आज फिर छहः जनवरी की रात है

---

38 The poet's wife, Elizabeth Mohr, died on the night of January 6, 2002.

85. The night of January 6th

It is snowing,
The time keeps passing soundlessly.
Where are you?
Where are you today in this snowfall?
The houseplants that you planted
Have all died because of my negligence;
Only a cactus plant remains
That is still flowering.
The night is passing,
A lot of snow has fallen;
It will keep falling for a long time.
Sitting all alone here,
I take count of my past 365 days,
And the past says:
Today, it is January 6th again.

86 रक़्स होता रहा

रक़्स होता रहा
साज़ बजते रहे
दायरे फैलते और घटते रहे
नाज़ुक अन्दाम तन, ख़ीराकुन पैरहन
झूमते, पेच खाते, लचकते बदन
पास आते रहे, दूर हटते रहे
मैंने हर साए में गरचे देखा तुझे
पर न पाया तुझे

रक़्स होता रहा
लोग आते रहे
लोग जाते रहे
बज़्म चलती रही
रात ढलती रही
रौशनी हर घड़ी मोम बन कर पिघलती रही
शोर मचते रहे
रंग रचते रहे
दर्द–ए–तन्हाई चुप–चाप रोता रहा
वक़्त खोता रहा
रक़्स होता रहा

86. The dance went on

The dance went on;
The orchestra kept playing.
Circles kept widening and shrinking.
Delicate bodies and gleaming robes,
Swaying, twirling and swinging
Kept coming close,
Kept drifting apart.
I saw you in every shadow,
But could not find you.

The dance kept going,
People kept coming,
People kept going,
The party kept warming up,
The night kept passing,
The night kept melting away like wax,
The clamour kept growing,
The colours kept shimmering.
The pain of parting kept crying,
The time kept passing,
The dance kept going.

□□